本書の特長と使い方

本書は、国語の文章読解力を伸ばすのに最適な文章を読み、基本的な問題を何度も繰り返して解くことを通して、文章読解の基礎を徹底的に固めることを目的として作られた問題集です。

1 チェックしよう！

それぞれの単元の重要ポイントをまとめています。

2 確認問題

チェックしよう！を覚えられたか、確認する問題です。

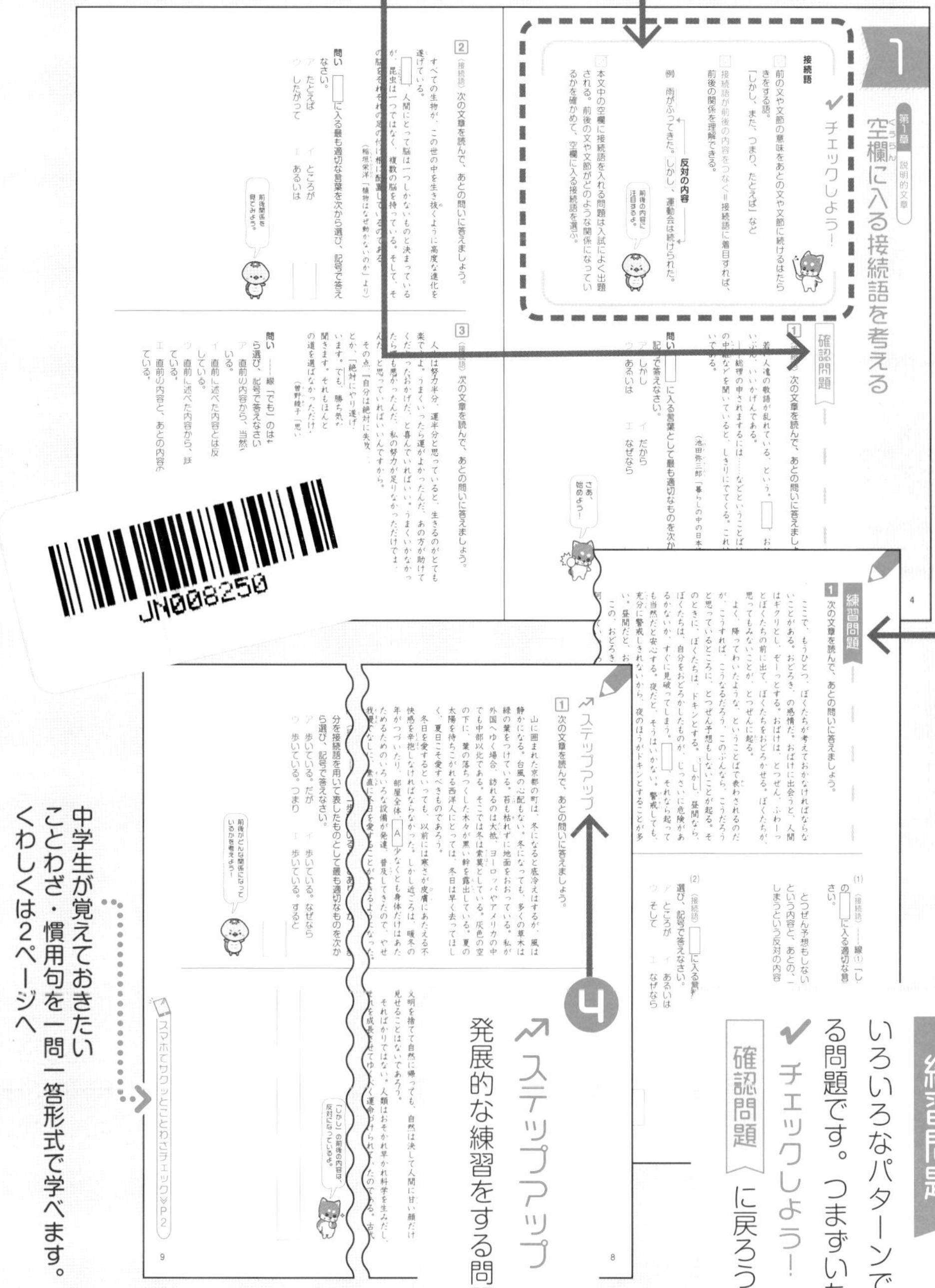

3 練習問題

いろいろなパターンで練習する問題です。つまずいたら、確認問題 や チェックしよう！に戻ろう！

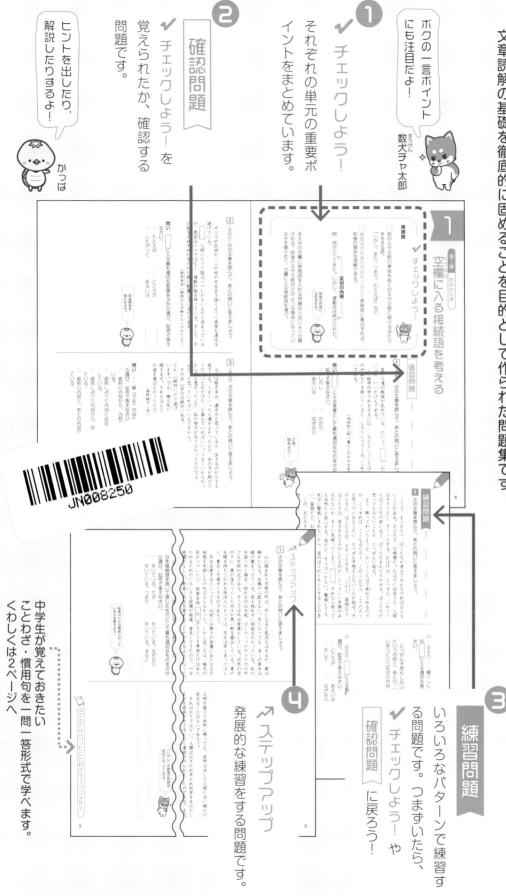

4 ステップアップ

発展的な練習をする問題です。

中学生が覚えておきたいことわざ・慣用句を一問一答形式で学べます。くわしくは2ページへ使い方はカンタン!

ICTコンテンツを活用しよう!

本書には、QRコードを読み取るだけ利用できる一問一答クイズがついています。本誌では読解問題を中心に学べる構成になっているのに対し、一問一答クイズでは本誌であつかっていない「ことわざ・慣用句」を学べます。

スマホでサクッとチェック　一問一答で楽しく学ぼう

左のQRコードから、本誌ではあつかっていない、中学生が覚えておきたい ことわざ・慣用句をクイズ形式で学べます。

1回10問だから、スキマ時間にサクッと取り組める!

テスト対策にも役立つよ。

PCから

https://cds.chart.co.jp/books/jtz2u3lgci#2!

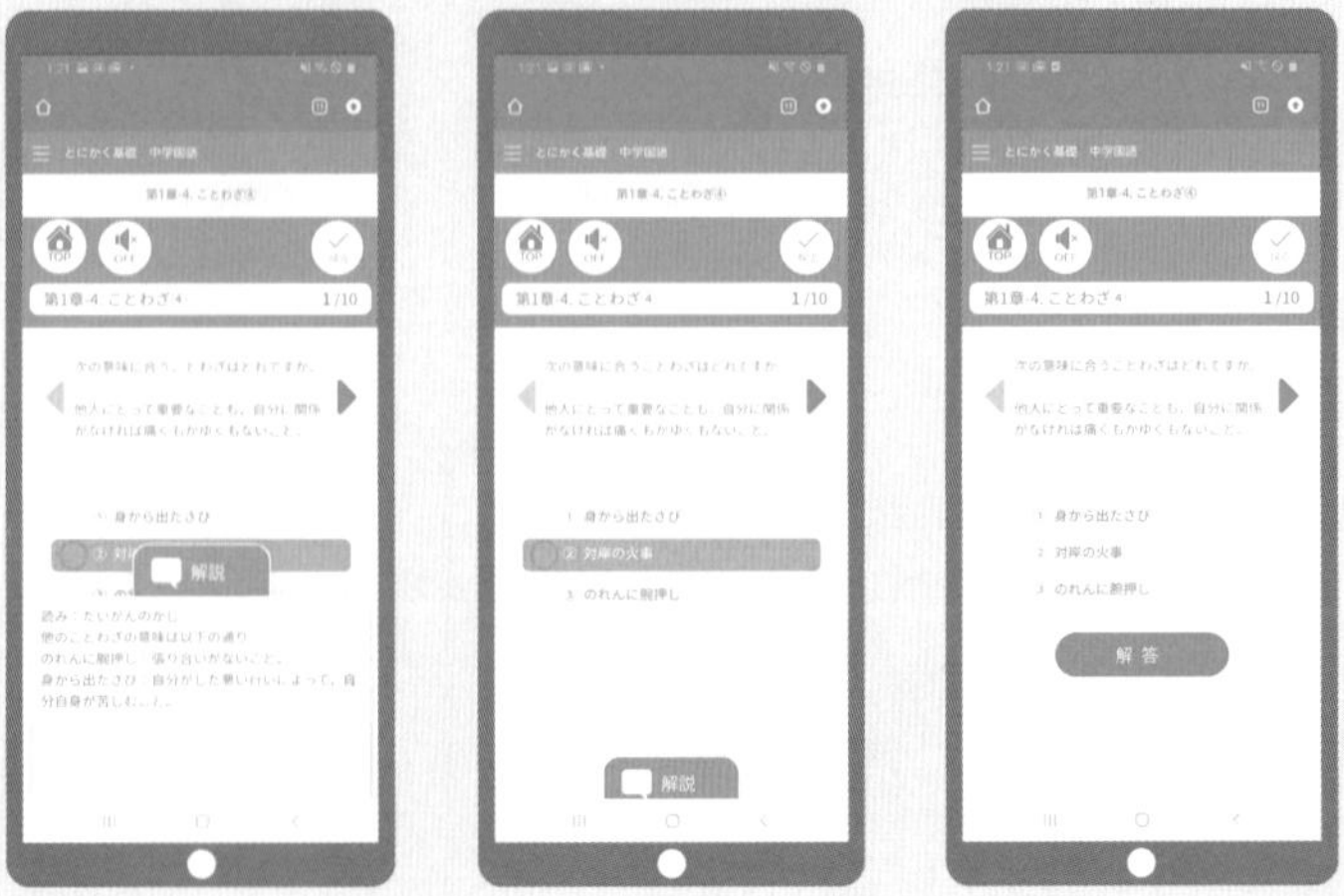

便利な使い方

ICTコンテンツが利用できるページをスマホなどのホーム画面に追加することで、毎回QRコードを読みこまなくても起動できるようになります。くわしくはQRコードを読み取り、左上のメニューバー「≡」▶「**ヘルプ**」▶「**便利な使い方**」をご覧ください。

QRコードは株式会社デンソーウェーブの登録商標です。内容は予告なしに変更する場合があります。

通信料はお客様のご負担となります。Wi-Fi環境での利用をおすすめします。また、初回使用時は利用規約を必ずお読みいただき、同意いただいた上でご使用ください。

ICTとは、Information and Communication Technology（情報通信技術）の略です。

目次

1

第1章 説明的文章

空欄《くうらん》に入る接続語を考える

✔チェックしよう！

接続語

☑ 前の文や文節の意味をあとの文や文節に続けるはたらきをする語。

「しかし、また、つまり、たとえば」など

☑ 接続語が前後の内容をつなぐ＝接続語に着目すれば、前後の関係を理解できる。

(例) 雨がふってきた。しかし、運動会は続けられた。

反対の内容

☑ 本文中の空欄に接続語を入れる問題は入試によく出題される。前後の文や文節がどのような関係になっているかを確かめて、空欄に入る接続語を選ぶ。

確認問題

1 〈接続語〉次の文章を読んで、あとの問いに答えましょう。

若い人達の敬語が乱れている、という。□、おとなもずいぶん、いいかげんである。

――総理の申されまするには……などということばは、議会の中継《ちゅうけい》などを聞いていると、しきりにでてくる。これは、間違《まちが》いである。

（池田《いけだ》弥三郎《やさぶろう》「暮らしの中の日本語」より）

問い □に入る言葉として最も適切なものを次から選び、記号で答えなさい。

ア しかし　イ だから

ウ あるいは　エ なぜなら

□

2 〈接続語〉次の文章を読んで、あとの問いに答えましょう。

すべての生物が、この世の中を生き抜《ぬ》くように高度な進化を遂《と》げている。

[　　]、人間にとって脳は一つしかないものと決まっているが、昆虫《こんちゅう》は一つではなく、複数の脳を持っている。そして、その脳をそれぞれの足の付け根に配置しているのである。

（稲垣栄洋《いながきひでひろ》「植物はなぜ動かないのか」より）

問い [　　]に入る最も適切な言葉を次から選び、記号で答えなさい。

ア　たとえば　　イ　ところが

ウ　したがって　　エ　あるいは

[　　]

3 〈接続語〉次の文章を読んで、あとの問いに答えましょう。

人生は努力半分、運半分と思っていると、生きるのがとても楽ですよ。うまくいったら運がよかったんだ、あの方が助けてくださったおかげだ、と喜んでいればいい。うまくいかなかったら運も悪かったんだ、私の努力が足りなかっただけではないんだ、と思っていればいいんですから。

その点、「自分は絶対に失敗しない」とか、「絶対に引かない」とか、「絶対にやり遂《と》げる」とかいう勝ち気な人は大変だと思います。でも、勝ち気な人だからこそできた、という話もよく聞きます。それもほんとうじゃないかしら、私はただ、そっちの道を選ばなかっただけなんですね。

（曽野綾子《そのあやこ》「思い通りにいかないから人生は面白い」より）

問い ——線「でも」のはたらきとして最も適切なものを次から選び、記号で答えなさい。

ア　直前の内容から、当然の内容があとにくることを示している。

イ　直前に述べた内容とは反する内容があとに続くことを示している。

ウ　直前に述べた内容から、話題が変わっていくことを示している。

エ　直前の内容と、あとの内容のどちらかを選ぶことを示している。

[　　]

練習問題

1 次の文章を読んで、あとの問いに答えましょう。

ここで、もうひとつ、ぼくたちが考えておかなければならないことがある。おどろき、の感情だ。おばけに出会うと、人間はギクリとし、ぞーっとする。おばけは、とつぜん、ふわーっとぼくたちの前に出て、ぼくたちをおどろかせる。ぼくたちが、思ってもみないことが、とつぜんに起《お》こる。

よく、降ってわいたような、ということばで表《あら》わされるのだが、こうすれば、こうなるだろう、このぶんなら、こうだろうと思っているところに、とつぜん予想もしないことが起る。そのときに、ぼくたちは、ドキンとする。①しかし、昼間なら、ぼくたちは、自分をおどろかしたものが、じっさいに危険があるかないか、すぐに見破ってしまう。［　　］、それなら起っても当然だと安心する。夜だと、そうはいかない。警戒《けいかい》しても、充分《じゅうぶん》に警戒しきれないから、夜のほうがドキンとすることが多い。昼間だと、おどろかされることも少ない。

この、おどろきの瞬間《しゅんかん》、ぼくたちは、自分を失ってしまって、何をしていいかわからない。目的にかなった行動をとるには、こころのまとまりが失われている。②そこで、わけがわからないまま、自分がそのときに感じるいちばんつよい衝動《しょうどう》に動かされる。

（なだいなだ「心の底をのぞいたら」より）

---

(1) 〈接続語〉――線①「しかし」のはたらきをまとめた次の文の［　　］に入る適切な言葉を、本文中から**六字**で書き抜《ぬ》きなさい。

とつぜん予想もしないことが起ると、ぼくたちは、［　　］という内容と、あとの、昼間ならその正体をすぐに見破ってしまうという反対の内容をつないでいる。

(2) 〈接続語〉［　　］に入る言葉として最も適切なものを次から選び、記号で答えなさい。

ア ところが　イ あるいは
ウ そして　エ なぜなら

(3) 〈接続語〉――線②「そこで」とありますが、これと同じはたらきをする接続語として最も適切なものを次から選び、記号で答えなさい。

ア ただし　イ それとも
ウ しかし　エ したがって

2 次の文章を読んで、あとの問いに答えましょう。

　法隆寺《ほうりゅうじ》大工の棟梁《とうりょう》から弟子《でし》へ、そのまた弟子へと受けつがれてきた口伝《くでん》は、自然を知りつくした、むかしの職人たちの知恵《ちえ》といえます。

　①たとえば「用材は木を買わず山を買え」という教えがあります。

　同じヒノキでも、環境《かんきょう》によって、育ち方はまったくちがってきます。地域によって、土壌《どじょう》もちがうし、季節ごとの気候や温度もちがいます。それが木の育ち方や、木材としての質のちがいにもなるのです。

　②だから、お堂や塔《とう》を建てるときには、あちこちの山からの木をつかうのではなく、ひとつの山に育った木をつかったほうがいい。一本一本にくせのちがいはあっても、ぜんたいとして木の力がそろっているほうがいいからです。それが「木を買わず山を買え」という言葉になっているのです。

「木組みは寸法《すんぽう》で組まず木のくせで組め」という言葉もあります。

　木は、人間と同じように、一本一本特徴《とくちょう》というかくせがある。だから、そのくせをしっかり見てつかわないといけないという教えです。

（立松和平《たてまつわへい》「古事の森――樹齢《じゅれい》四百年の巨木を育てる」より）

---

(1) 〈接続語〉――線①「たとえば」のはたらきをまとめた次の文の□に入る適切な言葉を、本文中から**二字**で書き抜きなさい。

むかしの職人たちの知恵といえる□の具体例をあとに示すことを表している。

(2) 〈接続語〉――線②「だから」とありますが、理由となっているのはどのような内容ですか。最も適切なものを次から選び、記号で答えなさい。

ア　環境のちがいが、木の育ち方や木材としての質のちがいにつながるということ。

イ　育った場所の土壌がよければ、木はよく育ち、木材としての質も高いということ。

ウ　法隆寺大工の棟梁は口伝を知っていたため質のいい木材を手に入れられたということ。

エ　木の育ち方や木材としての質のちがうヒノキを育てるのは大変だということ。

「だから」は、前に理由、あとに結果が書かれているよ。

ステップアップ

1 次の文章を読んで、あとの問いに答えましょう。

山に囲まれた京都の町は、冬になると底冷えはするが、風は静かになる。台風の心配もない。冬になっても、多くの草木は緑の葉をつけている。苔《こけ》も枯《か》れずに地面をおおっている。私が外国へゆく場合、訪れるのは大抵《たいてい》、ヨーロッパやアメリカの中でも中部以北である。そこでは冬は索莫《さくばく》としている。灰色の空の下に、葉の落ちつくした木々が黒い幹を露出《ろしゅつ》している。夏の太陽を待ちこがれる西洋人にとっては、冬日は早く去ってほしく、夏日こそ愛すべきものであろう。

冬日を愛するといっても、以前には寒さが皮膚《ひふ》にあたえる不快感を辛抱《しんぼう》しなければならなかった。しかし近ごろは、暖冬の年がつづいたり、部屋全体［A］少なくとも身体だけはあたためるためのいろいろな設備が発達、普及《ふきゅう》してきたので、やせ我慢《がまん》でなしに、素直《すなお》に冬日を愛することができるようになった。火鉢《ひばち》に手をかざし、すきま風に身をちぢめる人の目にはきびしく感じられた冬景色も、電熱のコタツに入っている人には、ずっとおだやかに思われるであろう。これも全く科学文明のおかげに違《ちが》いない。

その代《かわ》り現代の人間と自然との間には、へだたりができた。科学文明は人間の生活を快適にしてくれると同時に、人間と自然との間にわりこんできて、両者が直接に接触《せっしょく》する機会を少なくする。十数年前、ニューヨークの町なかのアパートで暮《くら》していた時、そういう感じを深くした。コンクリートの壁《かべ》に囲まれ、舗装《ほそう》された道路の上ばかり①歩いていると、土が恋《こい》しくなる。草木の茂《しげ》った庭がなつかしくなる。

科学文明の発達していなかった遠い昔でも、自然的環境《かんきょう》の人工的変更《へんこう》を好まない人たちがいた。東洋では老子《ろうし》や荘子《そうし》などが、そういう考えの代表者であった。その後も「自然に帰れ」という主張は、洋の東西を問わず、繰返《くりかえ》し現れた。どの時代をとってみても、文明の発展のいろいろな段階では、文明が人間と自然の直接の接触を妨害《ぼうがい》しすぎることを好まない気持《きもち》がひそんでいたのであろう。

［B］自然的な環境は本来、人間にとって何もかも都合よくできていたわけではなかった。自然は人間にとって愛すべきものであると同時に、おそるべきものでもあった。科学文明は苛《か》酷《こく》な自然から人間を守るのに大きな貢献《こうけん》をしてきたのである。文明を捨てて自然に帰っても、自然は決して人間に甘《あま》い顔だけ見せることはないであろう。

そればかりではない。人類はおそかれ早かれ科学を生みだし、それを成長させてゆくべく運命づけられていたのである。古代ギリシャの学者たちがいなかったら、科学の発達はずっとおくれたであろう。近代の西欧《せいおう》の科学者たちがいなかったら、やはりそうであったろう。②しかし、かりにそれらの人たちがいなかったとしても、科学はおそかれ早かれ、この地球上のどこかで生《うま》れ成長したであろう。科学の発生や初期の成長には、いろいろと好適な条件がそろっていることが必要であったろう。しかし、それがある地域である程度まで成長し、それに伴《ともな》って科学文明がある段階にまで発達すれば、それらは比較的《ひかくてき》容易に他の地域に移植あるいは伝達することができる。そうなれば水が高いところから低いところへひろがってゆくように、科学文明は地球上の全地域へおそかれ早かれ普及してゆくことになる。それはもはや逆もどしのできない、一方むきの動きである。

（湯川秀樹《ゆかわひでき》「自己発見」より）

（注）老子や荘子＝古代中国の思想家。

(1)〈接続語〉［A］に入る言葉として最も適切なものを次から選び、記号で答えなさい。

ア つまり　イ けれども

ウ それで　エ あるいは

(2)〈接続語〉——線①「歩いていると」とありますが、この部分を接続語を用いて表したものとして最も適切なものを次から選び、記号で答えなさい。

ア 歩いている。だが　イ 歩いている。なぜなら

ウ 歩いている。つまり　エ 歩いている。すると

前後がどんな関係になっているかを考えよう！

(3)〈接続語〉［B］に入る言葉として最も適切なものを次から選び、記号で答えなさい。

ア したがって　イ しかし

ウ すると　エ なぜなら

(4)〈接続語〉——線②「しかし」とありますが、どのような内容に対して「しかし」と述べているのかをまとめた次の文の［　］に入る適切な言葉を、本文中から書き抜きなさい。

古代ギリシャの学者たちや近代の西欧の科学者たちがいなければ、［　］だろうということ。

「しかし」の前後の内容は、反対になっているよ。

スマホでサクッとことわざチェック≫P2

第1章 説明的文章

2 指示語の指す内容を捉《とら》える

チェックしよう！

指示語

- 前に述べた内容を指し示すはたらきをする語。「この・その・あの・これ・それ・あれ」など
- 指示語の指す内容は、指示語の直前にあることが多い。

(例) 私は、外国文学が好きです。その中でも、特に気に入ってよく読んでいるのは、ヘミングウェイの作品です。

- 指示語を、捉えた内容に置き換《か》えて、きちんと意味が通じるかどうかを確認する。

(例) 外国文学の中でも、特に気に入ってよく読んでいるのは、ヘミングウェイの作品です。

確認問題

1 〈指示語〉次の文章を読んで、あとの問いに答えましょう。

今から一年以上も前になるだろうか、十一代目市川海老蔵《いちかわえびぞう》の襲名《しゅうめい》披露興行《ひろうこうぎょう》が、日本の各地で開催《かいさい》された後、パリまで遠征《えんせい》したことがあった。私はもちろん見ていないが、なかなかの評判であったらしい。つい先頃《さきごろ》パリに出かけたときにも、フランスの友人からそのときの話を聞かされた。

歌舞伎《かぶき》の華《はな》やかな舞台《ぶたい》は、外国ではおおむね評判は良い。だがその時、かの友人が特に興味を抱いたのは「口上《こうじょう》」の舞台だったという。

（高階秀爾《たかしなしゅうじ》「日本人にとって美しさとは何か」より）

問い ――線「その時」とは、どのような時ですか。最も適切なものを次から選び、記号で答えなさい。

ア 十一代目市川海老蔵の襲名披露興行が日本で開催された時
イ 私がつい先頃パリに出かけて友人から話を聞かされた時
ウ 十一代目市川海老蔵の襲名披露興行がパリで開催された時
エ かの友人が特に興味を抱いた「口上」の舞台を観劇した時

2 〈指示語〉次の文章を読んで、あとの問いに答えましょう。

みなさんは「聞く」ということを、どう定義しますか？
普通《ふつう》、聞くというのは、耳から入った話を脳が情報として受け取ることだと思います。しかし、私は「聞いた」という基準をもっと違《ちが》うところにおいています。私の「聞いた」という基準は、その話を要約してポイントを落とさずにもう一度再生して、繰《く》り返し話せるということ。つまり、再生できるかどうかが「聞いた」ことの証明になります。この基準はかなり高いハードルです。

（齋藤孝《さいとうたかし》「話し上手　聞き上手」より）

問い　――線「この基準」とは、どのような基準ですか。最も適切なものを次から選び、記号で答えなさい。

ア　「聞く」ということをどのように定義するのかという基準。
イ　聞いた話を脳が情報として受け取ったかどうかという基準。
ウ　聞いた話を要約して不足なく再生できるかどうかという基準。
エ　「聞いた」内容を再生するにはどうすればよいかという基準。

3 〈指示語〉次の文章を読んで、あとの問いに答えましょう。

私の授業では、私が一時間くらい話してから、突然《とつぜん》「それではここまで私が話した内容を、ポイントを落とさずに、二分でまとめて話してください」と言います。するとたいていの人は「そんな話、聞いてなかった。そんなことを急に言われても困る」という反応を見せます。「それならメモを取っておけばよかった」と口々《くちぐち》に言います。
二割の人は、私が何も言わなくても、最初から一生懸命《いっしょうけんめい》メモを取っていますが、残り八割は「ああ、話しているなあ」という感じでボーッと見ていた人たちです。この八割が、「話が違《ちが》う」とあわてるわけです。

（齋藤孝《さいとうたかし》「話し上手　聞き上手」より）

問い　――線「そんな話」の指す内容として最も適切なものを次から選び、記号で答えなさい。

ア　先生の話をすべて覚えなければならないという話。
イ　どれだけ熱心に聞いていたかを確かめられるという話。
ウ　聞いた内容をまとめて話さなければならないという話。
エ　聞いた内容をメモに残さなければならないという話。

練習問題

1 次の文章を読んで、あとの問いに答えましょう。

　人間の子どもは、いつでもたくさんの「ルール」を与《あた》えられて育ちます。考えてみれば、そもそも「言葉」がすでに一つのルールです。お母さんを「ママ」と言うのも、食べ物を「マンマ」と言うのもすべてルール＝決まりごとで、子どもは、じつは恐《おそ》ろしくたくさんのルールを少しずつ貯《た》めこんで育っていくことが分かります。人間が人間になるのは、こうしていつの間にかルールが貯まってくることによってなのです。

　そして大事なのは、われわれは、自分の中に積み重なったこのルールの束を意識していない、ということです。このルールの束がいわば人間の「自我」ですが、ここにはちょっと重要な秘密があります。自我はルールの束ですが、①それは自我がたくさんのルールを知っている、ということではない。人間がいつの間にか身につけるルールはおびただしいものなので、②そういうものをいちいち意識的に覚えているわけではありません。むしろたくさんのルールは、〝身について〟、そして〝忘れ去られる〟のです。そしてじつは③これが、人間の「自我」というものの秘密です。

（竹田青嗣《たけだせいじ》「愚《おろ》か者の哲学《てつがく》」より）

(1) 〈指示語〉——線①「それ」の指し示す内容をまとめた次の文の□に入る適切な言葉を、本文中から**Ⅰは二字**、**Ⅱは五字**で書き抜《ぬ》きなさい。

　Ⅰ は Ⅱ であるということ。

Ⅰ □□
Ⅱ □□□□□

(2) 〈指示語〉——線②「そういうもの」が指し示す内容を、本文中から**十七字**で探し、**初めの五字**を書き抜きなさい。

□□□□□

(3) 〈指示語〉——線③「これ」が指し示す内容として最も適切なものを次から選び、記号で答えなさい。

ア　自我はルールの束であって、自我はたくさんのルールを知っているということ。
イ　自我はルールの束であるが、自我はルールを身につけ、そして忘れ去るものだということ。
ウ　人間はたくさんのルールによって育ち、そのルールを少しずつ貯めて育つということ。
エ　人間はたくさんのルールによって育つが、そのルールを破ることもあるということ。

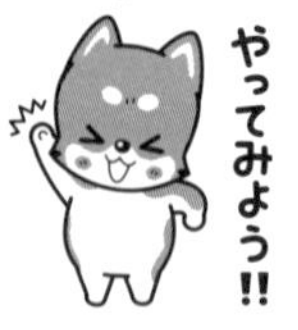

選んだ選択肢《せんたくし》を、指示語のかわりに当てはめよう。

やってみよう!!

□

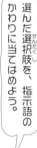

2 〈指示語〉次の文章を読んで、あとの問いに答えましょう。

宇宙人が地球を訪れ攻撃《こうげき》するという最初の物語は、H《ハーバート》・G《ジョージ》・ウェルズ『宇宙戦争』（一九〇八年）だろう。タコのような風体《ふうてい》の緑のこびとたる火星人が地球を征服《せいふく》しにやってくるというストーリーであった。①これを台本にしてラジオ放送で大騒動《だいそうどう》を起こしたのが、オーソン・ウェルズの『火星人襲来《しゅうらい》』（一九三八年）であった。単に、②それまでは他の惑星《わくせい》に宇宙人が存在するという空想でしかなかったのだが、戦争を仕掛《しか》けてくるかもしれないという現実味を帯びた恐怖《きょうふ》感に取って代わったのは、ナチスの跳梁《ちょうりょう》という時代的背景があったのかもしれない。ラジオ放送を聞いた人々が、本当に火星人が襲来してきたと思い込《こ》んでパニックに陥《おちい》ったのは、攻撃してくる宇宙人というイメージが普及《ふきゅう》していたことを物語っている。通信技術の発達によって、科学知識が浸透していたことがわかる。

③それがより加速されたのは、宇宙人が登場するSF《エスエフ》映画が大量に製作されるようになったためだろう。私が知っているだけでも、「猿《さる》の惑星」「E《イー》．T《ティー》．」「エイリアン」「スター・ウォーズ」「未知との遭遇《そうぐう》」などが挙げられる。④そのなかで、邪悪《じゃあく》な宇宙人が地球を侵略《しんりゃく》するという物語より、親愛の情を示し、互《たが》いに理解が可能だというメッセージの下、宇宙人を割と好意的に描《えが》いているものが多いように思われる。もっとも、最近のエイリアンものには、地球侵略の話が多く、CG《シージー》を多用して徹底《てってい》した破壊《はかい》が描かれているようである。

（池内了《いけうちさとる》「科学と人間の不協和音」より）

（注）跳梁＝自由にはねまわること。

---

(1) 〈指示語〉――線①「これ」が指し示す内容をまとめた次の文の□に入る適切な言葉を、本文中から**十五字**で探し、**初めの五字**を書き抜きなさい。

火星人が□ストーリー

(2) 〈指示語〉――線②「それ」が指し示す内容を、**「〜とき」に続く形**で本文中から**七十字以内**（記号を含《ふく》む）で探し、**初めの五字**を書き抜きなさい。

(3) 〈指示語〉――線③「それ」が指し示す内容として最も適切なものを次から選び、記号で答えなさい。

ア 通信技術の発達　イ 科学知識の浸透
ウ 宇宙人のイメージの普及　エ 宇宙人の映画製作

(4) 〈指示語〉――線④「そのなか」が指し示す内容を、**「〜のなか」に続く形**で本文中から**十二字**で書き抜きなさい。

ステップアップ

1 次の文章を読んで、あとの問いに答えましょう。

山歩きを楽しむことを、十年ほど前から、「森林浴《しんりんよく》」と呼ぶようになった。ハイキングとか山歩きなどの言葉があるのに、なぜ、わざわざ「森林浴」と呼ぶのか。

①その理由は、樹木が人々の健康に必要なエキスを吐《は》き出しており、それを吸収することは健康を増進させる、ということが分かってきたからだ。

だから、森林のエキスを浴びる、という意味で森林浴と呼ぶようになった。

ところで、日本人は、樹木が健康増進のためのエキスを吐き出していることなど、とっくに知っていた。②それを示す一つが、女性が髪《かみ》に飾《かざ》るかんざしである。

日本の女性は昔から、かんざしを髪に挿《さ》すことを習慣にしてきた。単なる髪飾りなのかといえば、そうではない。

もっと昔の日本人は、稲穂《いなほ》をとってきて髪に挿していた。なぜ花でなく稲穂なのか。髪を飾るためではなく、稲穂の生命力を体に浸透《しんとう》させるという目的があったからだ。

しかし、稲穂はいつでも、どこにでもあるわけではない。それに長持ちしない。このため、いつの間にか、稲穂の代わりに竹などを削《けず》ったかんざしを挿すようになったのだ。そして、現代では、生命力を吸収するという考え方も忘れられてしまって、単なる髪飾りとして使われるようになった。

いや、自然の生命力を吸収するために植物を頭に飾ったのは、日本人だけではない。

たとえば、マラソン競走のトップランナーの頭を飾るのは月《げっ》桂冠《けいかん》だ。③これは古代ギリシャから伝わるもので、昔の日本の稲穂を飾る考えとまったく同じ発想だった。所かわれば品かわるで、使われるモノが異なるにすぎない。地域が変われば気候がかわり、植物の種類も違《ちが》ってくるのだから当然だろう。

もちろん、時間の経過とともに、意味が違ってきて、現代人の日常生活では、日本のかんざしは和服の女性の髪飾りとして残っているのに対して、ギリシャの月桂冠は、勝利者の頭を飾るという非日常的な行事に使われるだけになってしまった。

ところで、自然の生命力を吸収するために髪飾りをつけるという発想は忘れ去られても、人々は、別の方法で自然の生命力を吸収してきている。

たとえば、健康に敏感《びんかん》な現代人は、自然の樹木や植物を飲んだり食べたりすることには熱心である。京都の料亭《りょうてい》に行くと、竹のジュースを飲ます。青竹をジュウジュウ焼くと汁が出てくる。その汁がガンに効くというのである。

④これと同じようなものは、世界中にある。カナダのメープルシロップ、ロシアのシラカバジュースなど、みな同じ発想である。

かんざしの効用を忘れても、このように青竹のジュースをするのは、それが、現代人の近代科学信仰《しんこう》と矛盾《むじゅん》しないからだ。

青竹のジュースは、実際の液体であり、それを分析《ぶんせき》して、どの成分がどう体に影響《えいきょう》するかを説明できる。もし、青竹ジュースやメープルシロップを眺《なが》めていれば健康になるなどといえば、誰《だれ》も信じなかっただろう。
かんざしも同じで、生木の枝を折って髪に挿すと、そのエキスが髪に染《し》みるのである。森林浴の考え方も、同類である。
そういう意味では、やっと最近、現代人は、少しずつ古代人の知恵《ちえ》を見直してきた、といえよう。

（中西進《なかにしすすむ》「日本人とは何か」より）

（注）月桂冠＝ゲッケイジュの枝や葉で作ったかんむり。

(1) 〈指示語〉――線①「その理由」とありますが、どのようなことの理由ですか。最も適切なものを次から選び、記号で答えなさい。

ア 日本人が昔からかんざしを挿す理由。
イ ハイキングの時にかんざしを挿す理由。
ウ ハイキングの時に健康が増進する理由。
エ 山歩きを楽しむことを森林浴と呼ぶ理由。

(2) 〈指示語〉――線②「それ」の指す内容として最も適切なものを次から選び、記号で答えなさい。

ア 森林のエキスを浴びることは、日本人の健康増進に大いに役立つということ。
イ 稲穂は、昔から日本人にとって貴重なものであり、装飾《そうしょく》品《ひん》として用いられていたということ。
ウ 日本人は、古くから樹木が健康を増進するエキスを吐き出していることを知っていたということ。
エ 日本人の体質は、森林のエキスととても相性がよく、山歩きをすることは昔から行われていたということ。

(3) 〈指示語〉――線③「これ」の指す内容として最も適切なものを次から選び、記号で答えなさい。

ア ギリシアでしか育たない月桂冠の育て方。
イ スポーツの勝利者を盛大に祝福する習慣。
ウ マラソンのトップランナーを褒《ほ》め称《たた》えること。
エ マラソンのトップランナーの頭を飾る月桂冠。

(4) 〈指示語〉――線④「これと同じようなもの」を本文中から二つ抜き出して答えなさい。

・

指示語の指す内容をはっきりさせてから考えよう！

スマホでサクッとことわざチェック≫P2

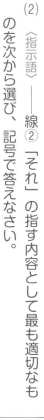

3 文章の内容を読み取る

✔ チェックしよう!

選択式《せんたくしき》問題の解き方

☑ 選択肢《せんたくし》と本文の違《ちが》いに着目する。

(例)

本文

Aが大切である

ア Bが大切だ。→×

イ BがAより重要だ。→×

ウ AとBが大切だ。→×

エ Aを重視するべきだ。

本文と同じ意味で表現が異なる言葉に注目する。

すべての選択肢を確認《かくにん》するよ。

☑ 正答に近いと思える選択肢に的をしぼること。

(例)の場合、「Bが大切(重要)」と言っている**ア**と**イ**は×。

→**ウ**と**エ**で考える。

確認問題

1 〈内容〉次の文章を読んで、あとの問いに答えましょう。

二十世紀は、人々が、人間の知性に全幅《ぜんぷく》の信頼《しんらい》を寄せた時代であった。人々は知性が生みだした科学を唯一の真理《しんり》だと考え、経済や社会にも合理性を求めようとした。もちろん私も、そういったものを否定しようとは考えていない。科学によってとらえられるものは科学でとらえておけばよいし、合理的であるほうがよいものは、合理的につくりだせばよいのである。

(内山節《うちやまたかし》『「里」という思想』より)

(注) 全幅＝あらん限りすべて。

問い 「二十世紀」という時代の説明として最も適切なものを次から選び、記号で答えなさい。

ア 科学技術が急速に発達していった時代

イ 人々が知性を完全に信頼していた時代

ウ 知性が生んだ科学が真理であった時代

エ 経済や社会に合理性を求めていた時代

2 〈内容〉次の文章を読んで、あとの問いに答えましょう。

同じくらいの太さをもったヒノキでも、生えている場所の風向きなどによって、右によじれようとするくせのついた木もあれば、左によじれようとするくせのついた木もある。それを無視して、右によじれる木ばかりをつかうと、建物ぜんたいが右によじれてしまいます。

では、よじれる木はつかえないのかというと、そんなことはありません。右によじれる木と、左によじれる木を組み合わせてつかう。そうするとおたがいのくせがかえって生きてきて、建物を強くささえることができるのだそうです。

（立松和平《たてまつわへい》「古事の森――樹齢《じゅれい》四百年の巨木を育てる」より）

問い ――線「よじれる木」とありますが、このような木をつかう利点として最も適切なものを次から選び、記号で答えなさい。

ア 組み合わせてつかうことによって、どちらかの木のくせが強調されてささえる力が強くなる。

イ 組み合わせてつかうことによって、どの木をつかったのかが一見するとわからなくなる。

ウ 組み合わせてつかうことによって、おたがいのくせがなくなり、おだやかな性質になる。

エ 組み合わせてつかうことによって、おたがいのくせが生きて、建物を強くささえることができる。

3 〈内容〉次の文章を読んで、あとの問いに答えましょう。

どんな分野であっても、長い年月そのことに没頭《ぼっとう》して、寝《ね》ても覚めてもそのことを考えているという境地を経ないと、その道のプロにはなれません。だから、子供の学校を選ぶ時は、ほんとうに子供が好きで行きたい学科のある学校にやるべきです。有名校かそうでないか、というようなことはどうでもいい。子供が何をしたいか、ということに一番合う学校へやらなくてはいけないと思います。

（曽野綾子《そのあやこ》「思い通りにいかないから人生は面白《おもしろ》い」より）

問い この文章の内容に合っているものを次から選び、記号で答えなさい。

ア 子供の学校を決めるには、まず、子供に何をしたいかを決めさせるようにするべきである。

イ 一つのことに没頭し、そのことばかりを考えると子供の可能性をせばめてしまう危険性がある。

ウ 子供の学校選びは、子供の考えを尊重し、行きたい学科のある学校に行かせるべきである。

エ その道のプロにするためには、子供の好きなようにやらせておくことは好ましくない。

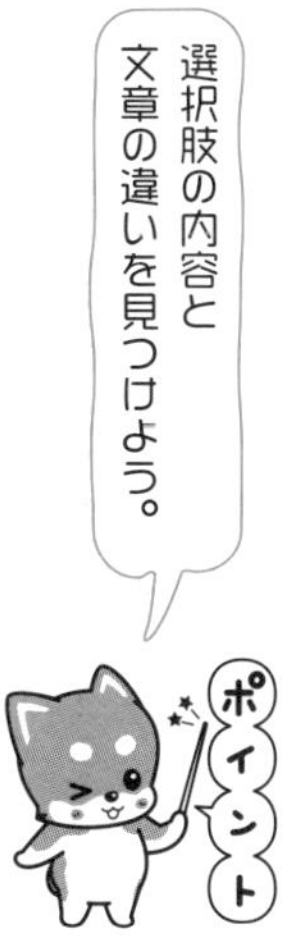
ポイント
選択肢の内容と文章の違いを見つけよう。

練習問題

1 次の文章を読んで、あとの問いに答えましょう。

①西洋タンポポと②日本タンポポの特徴《とくちょう》を比較《ひかく》してみることにしよう。

まず、種子のサイズは西洋タンポポの方が小さく軽い。タンポポは風で種子を飛ばすから、種子が小さい西洋タンポポの方が、より遠くまで種子を飛ばすことができる。種子が小さいので、その分、種子の数を多くすることができる。そのため、西洋タンポポの方が、日本タンポポよりも種子数が多いのである。

また、日本タンポポは、ハチやアブなどが花粉を運んでこないと種子ができない他殖《たしょく》性であるのに対して、西洋タンポポは自分だけで種子を作ることのできる自殖《じしょく》性である。そのため、仲間がいなくても、ハチやアブなどの昆虫《こんちゅう》がいなくても、一株だけあれば種子を作ることができるのだ。

それだけではない。日本タンポポは春にしか咲《さ》かないのに対して、西洋タンポポは一年中、花を咲かせることができる。

そのため、西洋タンポポは次から次へと花を咲かせ、次から次へと種子を作って、バラまくことができるのである。

こうして見ると、どうも西洋タンポポの方が、日本タンポポよりも繁殖《はんしょく》力が旺盛《おうせい》で、強い感じがする。西洋タンポポが大繁殖して、繁殖力の弱い日本タンポポを追いやっているイメージも納得できる。

（稲垣栄洋《いながきひでひろ》「植物はなぜ動かないのか」より）

(1) 〈内容〉――線①「西洋タンポポ」とありますが、その内容として最も適切なものを次から選び、記号で答えなさい。

ア 種子は小さいが、重いものが多い。
イ 自殖性の植物で、一年中花は咲く。
ウ 種子は小さいが、遠くまで飛ばない。
エ ハチやアブがいないと種子はできない。

(2) 〈内容〉――線②「日本タンポポ」とありますが、その内容として最も適切なものを次から選び、記号で答えなさい。

ア 種子は大きいが、軽いものが多い。
イ 仲間がいなくても、種子を作れる。
ウ 他殖性の植物で、春にしか花は咲かない。
エ 一年中種子をバラまくことができる。

(3) 「西洋タンポポ」と「日本タンポポ」の違いを説明した内容として最も適切なものを次から選び、記号で答えなさい。

ア 前者の種子は大きいが、後者の種子は小さい。
イ 前者は春にしか咲かないが、後者は一年中咲く。
ウ 前者の種子はあまり飛ばないが、後者の種子はよく飛ぶ。
エ 前者は繁殖力が強いが、後者は繁殖力が弱い。

2 次の文章を読んで、あとの問いに答えましょう。

群馬《ぐんま》県の上野村で暮らすようになって覚えたもののひとつに「待つ」という感覚がある。

たとえばこの村の農業は春を待たなければはじまらない。山菜も、茸《きのこ》も、それが出てくる時期を待たなければけっして手には入らない。木材として利用するのなら、木を切るのは、森の木々が活動を低下させる秋から冬がくるのを待つ必要がある。実に多くのことが、村では「待つ」ことからはじまっていく。

それが、自然とともに働き、暮らすということなのであろう。自然の力を借りようとすれば、自然がつくる、それに適したときがくるのを待たなければならない。といってもそれは、のんびりした暮らし方とばかりもいえないのである。なぜなら、ときを待つ以上、逆にそのときを逃《のが》してしまったらうまくいかなくなる。田植えのとき、草取りのとき、稲刈《いねか》りのとき……。村の暮らしには、逃《に》がしてはいけないときがたえずやってくる。

ときを待つ暮らしにとっては、人間の意志は万能ではない。それよりも自然という他者の動きの方が重要で、人間の意志は、自然の動きをうまく活用する範囲《はんい》内でしか有効ではない。だから、自然と結ばれ、ときを待ちながら働き暮らしてきた村の人たちは、人間関係のなかでも同じような感覚を育《はぐく》んだ。人間関係においても自分の一方的な意志は万能ではない。人々の動きを理解しながら、ちょうどよいタイミングがくるのを待って、そのときを逃さずに働きかけていく。それが村の人たちの人間関係のつくり方だった。自然との関係のなかで学んだことが人間同士の関係のなかでもいかされていたのである。

（内山節《うちやまたかし》「戦争という仕事」より）

---

(1) 〈内容〉――線「『待つ』という感覚」とありますが、何を待つのですか。最も適切なものを次から選び、記号で答えなさい。

ア 自然と人間がよい関係を作るとき。
イ 自然が人間に対し一方的に利益をもたらすとき。
ウ 自然の力を借りるのにちょうどよいとき。
エ 人間の一方的な意志が通るようになるとき。

(2) 〈内容〉この文章の筆者の考えと合っているものを次から選び、記号で答えなさい。

ア 村の人たちは、自然とのつき合い方を人間関係にも応用した。
イ 人間がいくら努力しても、結局のところ自然とはうまくつき合えない。
ウ 村の人たちと村の自然とは、お互《たが》いに対等な関係を望んでいる。
エ 村の人たちの人間関係は、一方的な意志によって成り立っている。

ステップアップ

1 次の文章を読んで、あとの問いに答えましょう。

　自立ということを依存《いそん》と反対である、と単純に考え、依存をなくしてゆくことによって自立を達成しようとするのは、間《ま》違《ちが》ったやり方である。①自立は十分な依存の裏打ちがあってこそ、そこから生まれでてくるものである。子どもを甘《あま》やかすと、自立しなくなる、と思う人がある。確かに、子どもを甘やかすうちに、親の方がそこから離《はな》れられないと、子どもの自立を妨《さまた》げることになる。このようなときは、実は親の自立ができていないので、甘えること、甘やかすことに対する免疫《めんえき》が十分にできていないのである。親が自立的であり、子どもに依存を許すと、子どもはそれを十分に味わった後は、勝手に自立してくれるのである。

　自立と言っても、それは依存のないことを意味しない。そもそも人間は誰《だれ》かに依存せずに生きてゆくことなどできないのだ。自立ということは、依存を排除《はいじょ》することではなく、必要な依存を受けいれ、自分がどれほど依存しているかを自覚し、感謝していることではなかろうか。依存を排《はい》して自立を急ぐ人は、自立ではなく孤立《こりつ》になってしまう。

　②このあたりのことが未《いま》だあまりわからなかった頃《ころ》、私はヨーロッパに行き、ヨーロッパの人たちは日本人より自立的だから、親子の関係などは、日本よりはるかに薄《うす》いのだろう、などと勝手なことを考えていた。ところが、実際にスイスに行ってみると、親子が離れて暮らしている場合、電話で話し合ったり、贈《おく》り物《もの》をしたり、あるいは、時に会食したりする機会が日本人より、はるかに多いことに気づいて不思議に思ったことがある。これをよく観察して思ったことは、彼《かれ》らは自立しているからこそ、よくつき合っているのだ、ということであった。つまり、つき合いの機会を多くすることによって、自立を破壊《はかい》されるというおそれを感じていないのである。

　これが、日本の場合であれば、うっかり親と話をすると、何か自分の自立をおびやかされそうに感じる。あるいは、自分は自立しているから、別に親と会ったり、話し合ったりする必要がない、と考える。このような傾向《けいこう》が強くなるのではなかろうか。しかし、それはよく考えてみると、③自立ではなく孤立になっているように思われる。確かに、親子の関係がベタベタとしていて、自立ができていないな、と感じさせられる場合もある。このようなときは、依存を裏打ちとしての自立というより、依存のなかに両者ともに溺《おぼ》れこんでいる、という感じがする。

　このようなことを考えていたら、心理学の世界でも、自立と依存とを対立するものとしては把《とら》えずに、むしろ、必要な依存が自立を助ける、というような観点からの研究がだんだんと出てきて、④わが意を得たりと思っている。

　人生のなかには、一見対立しているように見えて、実はお互《たが》いに共存《きょうぞん》し、裏づけとなるようなものが、あんがい多いのではないか、と思われる。そのような目で自分の生き方を見てみると、必死になって排除しようとしていたものに価値があることがわかるのではなかろうか。その発見によって、生き方に厚みがでてくると思われる。

（河合隼雄《かわいはやお》「こころの処方箋《しょほうせん》」より）

(1) 〈内容〉――線①「自立は十分な依存の裏打ちがあってこそ、そこから生まれでてくるものである」とありますが、これはどういうことですか。最も適切なものを次から選び、記号で答えなさい。

ア　自立と依存とは、お互いが同時に進行するものである。
イ　十分に依存していても自立することはできない。
ウ　十分に依存することによって、自立が生まれてくる。
エ　自立と依存との間には直接的なつながりはない。

(2) 〈内容〉――線②「このあたりのことが未だあまりわからなかった頃」とありますが、その頃の筆者の考えていたこととして最も適切なものを次から選び、記号で答えなさい。

ア　ヨーロッパの人たちは自立的だから、親子の関係などは、日本よりはるかに親密なのだろうと思っていた。
イ　ヨーロッパの人たちは自立的だから、親子の関係などは、日本よりはるかに薄いのだろうと思っていた。
ウ　ヨーロッパの人たちが本当に自立的かどうかは、現地に行かなければわからないだろうと思っていた。
エ　ヨーロッパの人たちは誰にも依存しないで生きているはずだから、さぞ自立的なのだろうと思っていた。

(3) 〈内容〉――線③「自立ではなく孤立になっているように思われる」とありますが、筆者がそう思う理由として最も適切なものを次から選び、記号で答えなさい。

ア　自立するために、本当は必要な依存を排除してしまっているから。
イ　依存することをあきらめ、相手と対等につき合おうとしているから。
ウ　自立することができず、自分がどれほど依存しているかを自覚するから。
エ　誰かに依存しなければ生きていけないことを認めようとしないから。

考えよう
「孤立」という言葉をヒントに考えよう!

(4) 〈内容〉――線④「わが意を得たり」の本文中の意味として最も適切なものを次から選び、記号で答えなさい。

ア　自分の望みがかなった。
イ　自分の考えと一致している。
ウ　自分が言うまでもなかった。
エ　自分が指示した通りになった。

スマホでサクッとことわざチェック≫P2

理由を捉《とら》える

チェックしよう！

理由を表す言葉

☑ 理由を捉えるためには、理由を表す言葉に着目する。

(例) やがて雨が降るだろう。なぜなら、黒い雲が増えてきたからだ。

結果・結論 ← 原因・理由

「やがて雨が降る」と言える理由を、直後の文で「黒い雲が増えてきたから」と述べている。

☑ 理由を表す言葉

原因・理由 → 結果・結論 の順…だから、したがって

結果・結論 → 原因・理由 の順…なぜなら、というのは

原因・理由 に付く…～から、～ため、～ので、～ゆえに　など

確認問題

1 〈理由〉次の文章を読んで、あとの問いに答えましょう。

人間には、身体的なエネルギーだけではなく、心のエネルギーというのもある、と考えると、ものごとがよく了解《りょうかい》できるようである。同じ椅子《いす》に一時間坐《すわ》っているにしても、一人でぼーと坐っているのと、客の前で坐っているのとでは疲《つか》れ方がまったく違《ちが》う。身体的には同じことをしていても「心」を使っていると、それだけ心のエネルギーを使用しているので疲れるのだ、と思われる。

（河合隼雄《かわいはやお》「こころの処方箋《しょほうせん》」より）

問い ——線「一人でぼーと坐っているのと、客の前で坐っているのとでは疲れ方がまったく違う」とありますが、なぜですか。それを説明した次の文の□に入る適切な言葉を、あとから選び、記号で答えなさい。

客の前で坐っているときには□から。

ア　身体的なエネルギーを多く消費する
イ　長い時間坐っているように感じる
ウ　心のエネルギーを使用している
エ　同じ椅子に坐り続けることになる

□

2 〈理由〉次の文章を読んで、あとの問いに答えましょう。

時間はひとつではなく、さまざまな時間が多層的に流れているのが私たちの世界であり、ただし人間は自分たちと等身大《とうしんだい》の時間のなかに身を置いているから、その時間だけが絶対的な時間のようにみえるのではないか。今日では、さまざまな分野の人たちが、こんなふうに考えているのである。そればかりか、人間と等身大の時間もまたひとつではないのかもしれない。幼い子供たちが身を置いている時間の流れと、大人たちが身を置いている時間の流れも、あるいは農業とともに展開する時間と、今日のインターネットが作動するときの時間も、もしかすると異なった時間なのかもしれない。

（内山節《うちやまたかし》『「里」という思想』より）

問い ——線「さまざまな分野の人たちが、こんなふうに考えている」とありますが、その理由について最も適切なものを次から選び、記号で答えなさい。

ア 私たちの世界において時間は多層的に流れているから。
イ 人間は自分に合った時間のなかに身を置いているから。
ウ 人間と等身大の時間も一つではないかもしれないから。
エ 幼い子供たちや大人たちが身を置く時間は異なるから。

3 〈理由〉次の文章を読んで、あとの問いに答えましょう。

最近になって、哲学《てつがく》をふくむいろいろな分野の研究者たちがどう考えたらよいのか迷っていることがらのひとつに「魂《たましい》」がある。こう書くと戸惑《とまど》う人もいるだろう。はたして魂などというものが実際に存在するのか。

もちろん、それは誰《だれ》にもわからない。魂の存在を信じる人はいても、そのことをすべての人々が納得できるように証明することは困難だし、魂は存在しないと証明するのもむずかしい。

魂とはそういうものだから、近代的な学問の対象にはならなかった。証明できること、論理的な説明のつくことを論じてきたのが近代以降の学問である。

にもかかわらず、最近になってそういうことが意識されるようになったのは、「精神」の考察だけでは説明できないことがあると、多くの人たちが感じるようになったからである。

（内山節《うちやまたかし》「戦争という仕事」より）

問い ——線「最近になって、〜迷っていることがらのひとつに『魂』がある」とありますが、なぜ最近になって「魂」について考えられているのですか。最も適切なものを次から選び、記号で答えなさい。

ア 魂が実際に存在するものだとわかったから。
イ 魂について論理的に説明できるようになったから。
ウ 論理的な説明だけでは不十分だと感じ始めたから。
エ 論理的な説明は学問に必要ないとされたから。

練習問題

1 次の文章を読んで、あとの問いに答えましょう。

　自分のまわりに、自分がよく知っているものがいれば、人間はあまりこわさを感じない。見知らぬものに囲まれていると、なんとなく落ちつかない感じがする。夜になると、自分のよく知っているものも見えなくなり、なんだか見知らぬもののように見えてくる。こんなときに、人間はこわさを感じる。そして、太陽が出てきて、また見知った世界を見ることができるようになると、①こわさは消えてゆく。

　夜でなくとも、まっくらな地下室や洞窟《どうくつ》などの暗くて何があるかわからないところもこわいし、また、知った人がひとりもいない、見知らぬ土地もなんとなくこわい。そして、このこわさに人間を向きあわせて、元気を出させ、勇気を出させるのが、いっしょにいてくれる自分のよく知った人間だ。暗闇《くらやみ》の中にいるとき、おとうさんやおかあさんがいっしょにいてくれれば、こわさが少なくなる。手を握《にぎ》っていてもらうか、声をかけていてもらえば、もっとこわくない。そのことから、信頼《しんらい》のできる人間の身近な存在が、こわさと反対の作用を持っていることが、わかったろう。逆に考えれば、暗闇がこわいというけれども、②ひとりぼっちのさびしさは、そのこわさを、さらに増すのだということができる。

（なだいなだ「心の底をのぞいたら」より）

---

(1) 〈理由〉——線①「こわさは消えてゆく」とありますが、なぜこわさが消えるのですか。理由をまとめた次の文の□に入る適切な言葉を、**Ⅰは三十九字**、**Ⅱは二十五字**（記号を含《ふく》む）で本文中から探し、それぞれ**初めと終わりの三字**を書き抜《ぬ》きなさい。

人間は夜のように［Ⅰ］ときにこわさを感じるものなので、［Ⅱ］ようになる朝には、こわさを感じなくなるから。

Ⅰ　□□□ ～ □□□

Ⅱ　□□□ ～ □□□

(2) 〈理由〉——線②「ひとりぼっちのさびしさは、そのこわさを、さらに増すのだ」とありますが、なぜそのようにいえるのですか。最も適切なものを次から選び、記号で答えなさい。

ア　人間はひとりぼっちだと元気がなくなって気持ちがくじけてしまうものだから。

イ　人間の目は夜には自分の知っているものもよく見えなくなってしまうものだから。

ウ　人間は信頼のできる人が身近にいることで、こわさを感じにくくなるものだから。

エ　人間は生まれつき暗いところをこわいと感じる性質を持っているものだから。

□

「ひとりぼっち」と「こわい」と感じることには、どのような関係があるのかな。

2 次の文章を読んで、あとの問いに答えましょう。

二〇世紀後半におけるテクノロジーの発達は、今から八十年ほど前にチェコスロヴァキアの作家カレル・チャペックが夢見た「人間の仕事をする機械」としてのロボットを、現実の存在とすることを可能ならしめた。それも、一般《いっぱん》の人々のあいだで漠然《ばくぜん》とイメージされている金属の皮膚《ひふ》で覆《おお》われた人間というヒューマノイド型ロボットばかりでなく、人間のかたちとは似ても似つかないさまざまの産業用ロボットも登場してきた。その活躍《かつやく》の範囲《はんい》も、大規模な工場生産の過程の一部を受け持つことから、老人や病人の世話を引き受ける介護《かいご》ロボットや、ロボット・コンテストの例に見られるようなエンターテイメント系ロボットに至るまで、きわめて幅《はば》広い分野にわたっている。①人間の生活にかかわるロボットの役割は、今後さらに大きくなって行くであろう。

それにともなって、ロボットと人間の関係をどのように考えるかという問題が浮上《ふじょう》してきた。より一般的に、機械と人間の関係と言ってもよい。ロボットはテクノロジー文明の成果を駆《く》使《し》して生み出されたものであり、そのかぎりでは他の近代文明の所産《しょさん》と同じように国境を越《こ》えた普遍《ふへん》的存在であるが、そのロボットの利用の仕方、もっと端的《たんてき》に言って②ロボットとの付き合い方は、国により、民族によって必ずしも一様ではない。そこには、それぞれの国の歴史的、文化的条件に由来する差異が見られるからである。

（高階秀爾《たかしなしゅうじ》『日本人にとって美しさとは何か』より）

（注） 所産＝作り出されたもの。うまれたもの。

(1) 〈理由〉——線①「人間の生活にかかわるロボットの役割は、今後さらに大きくなって行くであろう」とありますが、なぜこのようにいえるのですか。最も適切なものを次から選び、記号で答えなさい。

ア テクノロジーの発達によって、ロボットが現実に存在するものとなったから。

イ ロボットの活躍する範囲が、以前よりも幅広い分野に広がってきているから。

ウ 介護ロボットやエンターテイメント系ロボットが開発されてしまったから。

エ 機械と人間の関係をさらに考えなければならない時代になってきているから。

(2) 〈理由〉——線②「ロボットとの付き合い方は、国により、民族によって必ずしも一様ではない」とありますが、なぜ筆者はこのように考えるのですか。理由が書かれた**一文**を本文中から探し、**初めの三字**（記号を含む）を書き抜きなさい。

ステップアップ

1 次の文章を読んで、あとの問いに答えましょう。

　すぐれた内容を正確にわかりやすく表現する、それがいい文章を書く基本である。この基本がしっかりと身についたら、次にもう一歩進んで、①表現を豊かにし、文章に深みを加えるように心がけたい。ことばをみがくのである。表現過程のこの段階はとかく軽くみられやすい。文章にとっては余計な部分、表現の遊びと考えられる傾向《けいこう》が強い。それはレトリックというものが正当に位置づけられていないせいだろう。つまり、表現の方法に心をくだくことが、化粧《けしょう》や装飾《そうしょく》にうつつをぬかすというレベルでとらえられているのである。

　この格づけはきわめて一面的な見方のうえに成り立っている。確かに、ごてごて塗《ぬ》りたくり、きらきら飾《かざ》りたてたデコラティヴな文章は、少なくとも現代日本人の美的感覚に合わない。すっきりとしたプレーンな文章を好むのは方向としてけっして誤ってはいない。しかし、だからといって、常に裸身《らしん》が最も美しいとは限らない。まして、レントゲン写真がその人間の魅力《みりょく》を最もよく映し出すとは決まっていない。文章を人間に置き換えるこの比喩《ひゆ》を続けるなら、文章によって運ばれる情報は骨であり、表現は肉であり、表記は皮であると考えられよう。この三者のどれが欠けても人体としては存在できない。文章として成立しない。贅肉《ぜいにく》を落とすことは美的でも健康的でもあるが、げっそりと肉の落ちた文章はむしろ病的である。

　表現方法には、例えば、読む者が心地よく揺《ゆ》られるように文章をリズミカルにするとか、単調になるのを避《さ》けるためにわざと普通《ふつう》でない言いまわしをまぜるとかいった化粧や装飾の面もあるが、それだけがレトリックではない。②真正の意味でのレトリックは、いかに表現するかという、ほとんどその文章の成否を握《にぎ》る方法自体なのである。

　ある文章で伝達すべき論理的情報を仮にＡＢＣ……Ｚとしよう。そのＡＢＣ……Ｚがともかくも相手に伝わることが最も大切である。最低限、それがＡＢＣ……Ｚであることが相手にわかるように表現すること、それが③正確にわかりやすくという文章の基本的な書き方である。しかし、ＡＢＣ……Ｚという各情報はどれも同じ資格で存在するとは限らない。同じ比重で伝えたいとは限らない。そのような表現対象の在《あ》り方のニュアンス、それに対する表現主体のとらえ方のデリカシーを含《ふく》む有機的な文章にするためにこそ表現をみがくのである。

　ある存在が薄《うす》っぺらな投影図《とうえいず》、痩《や》せ細った骸骨《がいこつ》としてでなく、その厚み、円《まる》み、柔《やわ》らかさ、激しさ、無気味さ、巨大《きょだい》さ、粘着《ねんちゃく》性《せい》、清涼感《せいりょうかん》、透明感《とうめいかん》をもったトータルなものとして読む者に生き生きと伝わってくるのは、鍛《きた》えられたしなやかな文章感覚によって、真に〝表現〟されているからである。このような、いわば表現の襞《ひだ》は④読む者の奥《おく》にしみ入って人を動かす。

　とするなら、レトリックは化粧や装飾どころではない。むしろ対象にどこまで迫《せま》れるか、それをどこまで忠実に写せるか、どこまで正確に造形できるかという表現行動そのものなのである。そして、それは、結果として〝文体〟という形での自己表出になるだろう。

（中村明《なかむらあきら》「日本語の美―書くヒント―」より）

（注）　レトリック＝たくみな表現方法。
真正＝そのほかのものが、まったくまざっていない様子。
ニュアンス＝感情や意味などの、ほんの少しの違《ちが》い。
デリカシー＝心の繊細《せんさい》さ。

(1) 〈理由〉――線① 「表現を豊かにし、文章に深みを加える」とありますが、このことが軽くみられやすいのはなぜですか。理由をまとめた次の文の□に入る適切な言葉を、本文中から**十三字**で探し、**初めと終わりの三字**を書き抜《ぬ》きなさい。

表現方法に注意を払《はら》うことが、□という程度にとらえられているから。

□□□～□□□

(2) 〈理由〉――線② 「真正の意味でのレトリックは、いかに表現するかという、ほとんどその文章の成否を握る方法自体なのである」とありますが、その理由として最も適切なものを次から選び、記号で答えなさい。

ア　レトリックは、飾りたてることに「うつつをぬかす」というものではなく、それに重点をおいたものだから。
イ　レトリックは、文章が単調になることを防ぎ、文章をリズミカルにするためには欠かせないものだから。
ウ　レトリックを多用することは、ある存在を薄っぺらな投影図にしてしまうというおそれがあることだから。
エ　レトリックは、対象を忠実に写し、正確に造形することで読み手の心を動かす表現行動そのものだから。

□

(3) 〈理由〉――線③ 「正確にわかりやすくという文章の基本的な書き方」とありますが、なぜこのように書く必要があるのですか。理由をまとめた次の文の□に入る適切な言葉を、本文中から**五字**で書き抜きなさい。

ある文章で伝えようとする□が、相手に伝わることが必要だから。

□□□□□

(4) 〈理由〉――線④ 「読む者の奥にしみ入って人を動かす」とありますが、なぜこのようになるのですか。理由として最も適切なものを次から選び、記号で答えなさい。

ア　ある存在の薄っぺらな投影図でしかない文章だが、そこに誠実さがこめられているから。
イ　鍛えられたしなやかな文章感覚によって真に表現されて、有機的な文章になっているから。
ウ　対象に迫ってくる激しさや不気味さを感じて、読者はたじろいでしまうから。
エ　化粧や装飾としてのレトリックが効果的で、読む人の心にしみ入るから。

□

スマホでサクッとことわざチェック≫P2

筆者の主張を読み取る

✔チェックしよう!

筆者の主張

☑「主張」とは、その文章を通して筆者が伝えようとしている筆者自身の意見である。

☑「主張」が述べられていることを示す表現に着目する。

「〜と思う・考える」「〜が大切だ・重要だ」
「〜なのである・なのではないか」
「〜しなければならない・すべきだ・すべきではないだろうか・することが必要だ」
「〜したい・しようではないか」
「〜と信じている・に違《ちが》いない・にほかならない」など

(例)　一人一人が身近な環境《かんきょう》に関心を持つことが、環境問題を解決する第一歩になる［に違いない］。
＝
筆者の主張

文末の表現に着目するよ。

確認問題

1　〈主張〉次の文章を読んで、あとの問いに答えましょう。

以前、ある陶芸家《とうげいか》のご夫婦《ふうふ》の家に行ったら、そこに五つくらいの男の子がいました。遅《おそ》くできたお子さんらしいのですが、その辺に置いてある陶土を使って、あっという間に怪獣《かいじゅう》のゴジラをつくるんですね。ゴジラをこしらえるのは、大人でもたぶん大変です。それを五歳《さい》で遊びながらつくってしまうというのは、やっぱり才能でしょうね。だから、できたらそういう天性の才能がある分野で、好きなことをやるのが一番いい。

（曽野綾子《そのあやこ》「思い通りにいかないから人生は面白《おもしろ》い」より）

問い　本文中で述べられている筆者の主張として最も適切なものを次から選び、記号で答えなさい。

ア　怪獣のゴジラは、子どもにとても人気がある。
イ　子どもには、遊びながらものをつくる才能がある。
ウ　天性の才能がある分野で好きなことをやるのがいい。
エ　五歳くらいでは子どもの才能を見きわめるのは難しい。

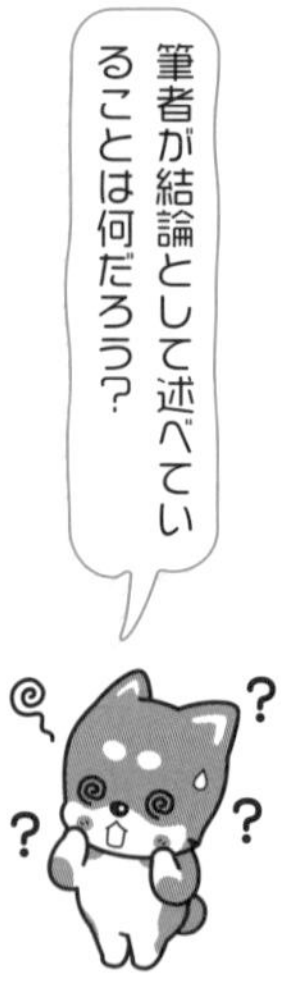
筆者が結論として述べていることは何だろう?

［　　］

2 〈主張〉次の文章を読んで、あとの問いに答えましょう。

かつては、多くの人々の労働のなかに自然が展開していた。労働の営みのなかで自然が働いていた、と言ったほうがよいのかもしれない。農業だけでなく、山や川や海で働く人々の労働のなかにも自然の働きがあり、職人たちは自然がつくりだした素材を生かしながら自分の技《わざ》を深めた。商人でさえ、その年の自然の動きをみながら仕入れや販売《はんばい》をしていた。自然の大いなる働きを感じとりながら、自分の役割を、それぞれの労働としてつくりだしていたのである。

人間の労働は、さまざまなかたちで自然と結ばれていた。そのことは、自然の偉大《いだい》さだけではなく、人間とは何かも教えつづけたのだと思う。

（内山節《うちやまたかし》「戦争という仕事」より）

問い この文章で述べられている筆者の主張をまとめたものとして最も適切なものを次から選び、記号で答えなさい。

ア 人間は、自然と結びついた労働を通して、人間とは何かを学んだ。
イ 人間は、できるだけ多くの利益を得るために、自然を利用した。
ウ 人間は、自然に逆らって働くことによって、自分の技を深めた。
エ 人間は、自然の偉大さに気づき、自分の役割を自然に任せることにした。

3 〈主張〉次の文章を読んで、あとの問いに答えましょう。

科学を文化として成り立たせているものは何なのだろうか。科学は芸術や宗教と同じような人間の精神的活動の成果であることは当然である。最大の特徴《とくちょう》は、見返り（利益や直接の効能）を求めないけれど、人々の支え（税金、浄財《じょうざい》、対価、ボランティアなど）無しには成り立たないということだろう。科学研究からすぐに利得《りとく》が得られるわけではない。にもかかわらず、科学研究には金がかかり、何らかの形の援助《えんじょ》がなければやっていけない。科学者とそのスポンサーたる市民の間に暗黙《あんもく》の社会的契約《けいやく》が結ばれているのである。大学における科学研究に税金が使われるのは、市民の間で文化を大事にするという合意が基礎《きそ》になっている。

（池内了《いけうちさとる》「科学と人間の不協和音」より）

（注）浄財＝寄付する金銭。

問い ――線「科学を文化として成り立たせているものは何なのだろうか」とありますが、これについての筆者の主張が述べられている内容を本文中の**ア**～**オ**から**二つ**選び、記号で答えなさい。

ア 人間の精神的活動の成果
イ 見返り（利益や直接の効能）
ウ 何らかの形の援助
エ 暗黙の社会的契約
オ 文化を大事にするという合意

練習問題

1 次の文章を読んで、あとの問いに答えましょう。

たまたま言語学を学ぶものは、

「言語は人間の話すものである」

といったことを知ると、軽いショックを受ける。なぜ、文字、文章が主体ではないのか、かすかな不満を覚えるかもしれない。それほど、①文字、文章、本というものを重視しているのである。言語学を学ばないと、かなりの知識人でも、本の方が、談話より多くのことを伝えるように考えて一生をすごす。

哲学者《てつがくしゃ》・西田幾多郎《にしだきたろう》が、若い学者からの、

「論文のすぐれている人と講演のすぐれている人と、どちらが、本当にすぐれているのでしょうか」という意味の問いに答えて、

「それは、うまい講演のできる人」

と答えたというエピソードが伝わっているが、文字信仰《しんこう》の人たちだけでなく、広く一般《いっぱん》の人をも驚《おどろ》かせた。

②文章の上手、下手は、技術の問題であるけれども、話すことがりっぱであるのは、その人の心、頭のはたらきそのものを反映する。そう考えると、書くことばよりも話すことばの方が、大きな意味をもっていることが納得《なっとく》される。書くのは筆先の芸であって、心なきことを、飾《かざ》って表現するかもしれない。ウソとも思わず、ウソを書く。話すことばでも、やはり、心そのものをあらわしているのではない、空ごと、フィクションから完全に自由ではあり得ないが、より心、生活に近い。少なくとも、文字、文章よりはずっと深く、精神と生活を反映して、自然に近い。文章は完全に絵空ごとで、書いた人の思考と人格に結びついていないで名文でありうることが可能である。

（外山滋比古《とやましげひこ》「乱読のセレンディピティ」より）

(1) 〈主張の表れた表現〉——線①「文字、文章、本というものを重視している」とありますが、筆者はこのような考え方をどのような言葉で言い表していますか。本文中から**四字**で書き抜《ぬ》きなさい。

(2) 〈主張の表れた表現〉——線②「文章の上手、下手は、技術の問題」とありますが、この表現には、「書くことば」に対する筆者のどのような考えが表れていますか。本文中から**一続きの二文**で探し、**初めの五字**を書き抜きなさい。

(3) 〈主張〉「話すことば」について、筆者が述べている内容として最も適切なものを次から選び、記号で答えなさい。

ア 話すことばは完全な絵空ごとになりがちである。
イ 話すことばは美しく飾り立てられたことばである。
ウ 話すことばはその人の精神と生活を反映しやすい。
エ 話すことばは人格をはなれた名文を生み出す。

2 次の文章を読んで、あとの問いに答えましょう。

日本では、もともと①村とか集落といった言葉は、人間の社会をさすものではなく、自然と人間が暮らす共同の空間をさす言葉であった。「わが村」とは、「わが人間たちの村」を意味しているのではなく、②「わが自然と人間の村」のことであった。村や集落の半分は自然によって構成されていた。

その自然は、日本では、大きな地域差をもっている。北から南へと延びる日本列島にはさまざまな気候があり、多様な地形と川や森がある。だから、その自然とかかわりながら形成されてきた各地の村々には、その村が育んできた農業のかたちや、生活の習慣、自然利用の形態がある。

この自然の時間と人間の時間とが蓄積《ちくせき》されるようにしてつくられたさまざまな風土。共同体とは、この風土とともに生まれたものである。

とすると、「日本の農村共同体とは」という言い方が、そもそも、不適当だということにならないだろうか。日本の共同体は、その地域の自然がそれぞれ異なる以上、ひとつひとつの差異が大きかったのではないか。つまり、日本には、同じ構造をもつ共同体が各地にあったのではなく、さまざまな共同体が各地に展開していた、と考えたほうがよいのではないのか。

（内山節《うちやまたかし》『「里」という思想』より）

---

(1) 〈主張〉——線①「村とか集落」とありますが、筆者はその特徴をどのように考えていますか。本文中から十五字で探し、**初めの五字**を書き抜きなさい。

(2) 〈主張〉筆者は、人が暮らしている村のことを、——線②「『わが自然と人間の村』」と述べていますが、その結論としてどのような考えを述べていますか。本文中から**三十字以内**（記号を含《ふく》む）で探し、**初めの五字**を書き抜きなさい。

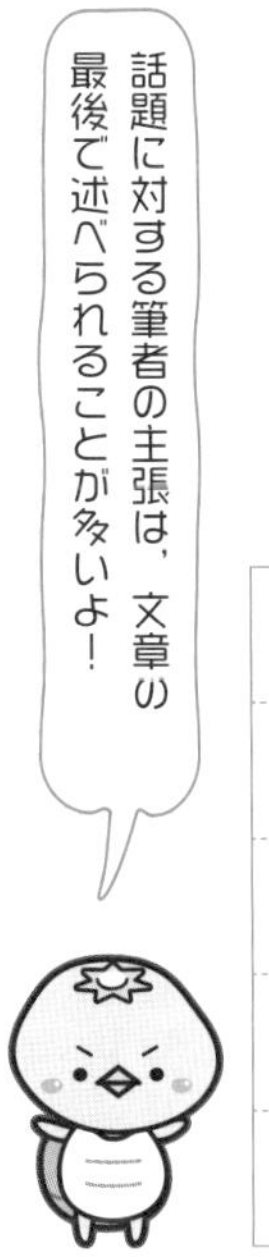
話題に対する筆者の主張は、文章の最後で述べられることが多いよ！

(3) 〈主張〉筆者は「日本の共同体」について、どのような主張を述べていますか。それをまとめた次の文の□に入る適切な言葉を、本文中から**Ⅰは十七字**、**Ⅱは十八字**で探し、**初めの五字**をそれぞれ書き抜きなさい。

日本には、［Ⅰ］のではなく、［Ⅱ］、と考えるべきだ。

Ⅰ

Ⅱ

ステップアップ

1 次の文章を読んで、あとの問いに答えましょう。

どれほど凝《こ》った多彩《たさい》な表現が繰《く》り広げられても、その奥《おく》にある内容がつまらなければ、文章全体として価値が低い。それでは、①いい内容はどのようにして生まれるのだろうか。すぐれた内容を生み出す特定の手段のようなものは考えられない。小手先の技術といったものは役に立たない。自己を取り巻いて果てしなく広がる世界のどこをどう切り取るか、それをどこまでよく見、よく考え、よく味わうか、そういうほとんどその人間の生き方とも言えるものがそこにかかわっているからである。豊かな内容は深く生きることをとおして自然に湧《わ》き出るのだろう。

一方、どれほどすぐれた思考内容が頭のなかにあったとしても、それが直接人の心を打つことはできない。というよりも、言語の形をとることによって、それがすぐれた思考であることがはじめて確認できるのである。その意味で、文章表現は半ば発見であり、半ば創造である。いい内容がいい表現の形で実現し、いい文章になる。逆に言えば、②すぐれたことばの姿をとおしてしか、すぐれた内容というものの存在を知ることはできないのである。

それでは、いい表現はどのようにして生まれるのだろうか。それはまず、観念とも感情とも感覚ともつかぬ不定の何かに突《つ》き上げられるという内面的な切迫感《せっぱくかん》を伴《ともな》わなければならない。そのような芸術的衝動《しょうどう》はある言語形式に自動的に定着するわけではない。そこには文章体験・執筆《しっぴつ》動機・作品意図・表現対象・伝達相手といったさまざまなものがからむ。文章表現が個人の主体的な行為《こうい》でありうるのはそのためである。

このようにして、世の中にはいろいろな③いい文章が現れる。どちらがどれだけすぐれているかという比較《ひかく》のできない、文体という質的な違《ちが》いを有する多数の文章が存在する。が、いかに個性的な名文であっても、それがいい文章である限りは必ず備わっている表現上の共通点がある。それは明晰《めいせき》な通達性である。読む人にわかってもらえなければ、その文章の価値は生きない。通じない文章が人を感動させるはずはないからである。

したがって、どのような文章を書く場合でも、人にわかるように表現することが大切である。間違いなく相手に伝わるように、④次の二点に注意して書くようにしたい。一つは、正確に表現することである。不正確な文章では内容が不正確に伝わりやすいからだ。この場合の「正確」という意味は、表現内容を間違いなく言語化することを指し、必ずしも情報が高い精度で再現されることにはならない。例えば、約一週間の旅行について書くとする。その旅行期間も、事実を厳密に記すなら、何日何時間何分何秒となるはずだ。しかし、必ずしもそう書いた文章だけが、正確だとは言えない。「一週間ほど」「一週間近く」「一週間あまり」、あるいは「一週間にも及《およ》ぶ」「わずか一週間にすぎない」などのどの言いまわしが自分のそのときの気持ちを最も適切に表すか、というレベルでの〝正確さ〟である。単に「一週間」といった、⑤情報的にはかなり不正確な言い方が、時には最も正確な表現になりうる。もう一つは、わかりやすく書くことである。たとい正確に表現されていても、それがわかりにくい文章であれば、相手は真意を理解できなかったり誤解したりする危険が大きいからだ。

（中村明《なかむらあきら》「日本語の美―書くヒント―」より）

（注）明晰な通達性＝読む人がはっきりと理解できる様子。

(1) 〈主張〉――線①「いい内容はどのようにして生まれるのだろうか」とありますが、筆者はいい内容がどのようにして生まれると考えていますか。本文中から**十九字**で探し、**初めの五字**を書き抜《ぬ》きなさい。

(2) 〈主張〉――線②「すぐれたことばの姿をとおしてしか、すぐれた内容というものの存在を知ることはできない」とありますが、筆者はなぜこのようにいうのですか。本文中から**「～から」に続く形で三十八字**（記号を含《ふく》む）で探し、**初めの五字**を書き抜きなさい。

(3) 〈主張〉――線③「いい文章」とありますが、どのような文章ですか。それをまとめた次の文の□に入る適切な言葉を、本文中から**二字**で書き抜きなさい。

明晰な通達性があり、読む人を□させる文章。

(4) 〈主張〉――線④「次の二点」とありますが、筆者は「二点」として、どのようなことを挙げていますか。本文中から**二つ**書き抜きなさい。

(5) 〈主張〉――線⑤「情報的にはかなり不正確な言い方が、時には最も正確な表現になりうる」とありますが、筆者がこのように述べる理由として最も適切なものを次から選び、記号で答えなさい。

ア 自分の気持ちを最も適切に表すことになるから。
イ 情報が、きわめて高い精度で再現されることになるから。
ウ 感情をまじえず、事実のみを正しく表すことになるから。
エ 相手の要求に応じて誠実に表すことになるから。

(6) 〈主張〉本文中で述べられている筆者の主張として最も適切なものを次から選び、記号で答えなさい。

ア 個性的な名文であれば、必ず相手に伝わる。
イ 文体のすぐれた文章は伝わりやすい名文である。
ウ 凝《こ》った多彩《たさい》な表現で文章を書くことが大切である。
エ 相手に通じる文章を書くことが大切である。

スマホでサクッとことわざチェック≫P2

1

第2章 文学的文章

空欄《くうらん》に入る言葉を考える

✔チェックしよう!

空欄補充《ほじゅう》問題の考え方

☑ 空欄の前後の内容から、どんな言葉が入るかを推測する。
↓
推測した言葉と同じもの、意味の近いものを選ぶ。

(例) 一つ悩《なや》みが解決すると、昨夜のモヤモヤがウソのように、気分は晴れやか だった。空には、雲一つない快晴! 私は[　　]気持ちで、大きく息を吸いこんだ。

気分は晴れやか・雲一つない快晴!
↓どんな言葉が連想されるか考える。

ア 腹立たしい　イ どんよりした
ウ とげとげしい　(エ) すがすがしい

確認問題

1 〈空欄補充〉次の文章を読んで、あとの問いに答えましょう。

最初は、聞きまちがいだと思った。でも、マコトは「聞こえなかった?」と同じ言葉をもう一度くりかえした。今度は、ぼくをびっくりさせようとして、ウソをついてるんだと思った。

だって、マコトは一輪車に乗ってスーパーマーケットに買い物に行く途中《とちゅう》だったんだ。ぼくは自転車でジャンボの家に遊びに行くところだった。たまたま道路で出くわして、そのまますれ違《ちが》おうとしたら、マコトはぼくの前で一輪車をピタッと止めて、「ツヨシにいいこと教えてあげよっか」——そんなノリでしゃべった一言なんだから、[　　]としか思えないじゃないか。

(重松清《しげまつきよし》「くちぶえ番長」より)

問い [　　]に入る適切な言葉を次から選び、記号で答えなさい。

ア 重大な秘密　イ ウソや冗談《じょうだん》
ウ だれかのうわさ話　エ 大切な相談

[　　]

2 〈空欄補充〉次の文章を読んで、あとの問いに答えましょう。

折った右足が、まゆから羽化《うか》したばかりの蝶《ちょう》のように石こうのギプスから現れたとき、その弱々しさにわたしは思わずゴクンと唾《つば》をのんでしまった。

もう片ほうに比べると、骨の形がわかるほど細くなっていて、われながら目をおおいたくなった。それでも主治医は、四週間ぶりに外気に当たってとまどっているその足を、膝上《ひざうえ》から足首までていねいに触診《しょくしん》してから満足そうに宣言《せんげん》した。

「かんぺきです！　あとは本人の努力しだいで元どおりになります」

「というと」と横に立っていた母親がたずねた。「もう退院できますの？」

「そうですね、少しうちのほうでリハビリしてもらって……週末にはだいじょうぶでしょう」

わたしは長い病院生活で、頭が腐《くさ》りかけのメロンになったような気がしていたので、嬉《うれ》しさのあまり、母親が何となく□表情をしたのを見すごしていた。

（加藤幸子《かとうゆきこ》「茉莉花《まつりか》の日々」より）

問い　□に入る適切な言葉を次から選び、記号で答えなさい。

ア　安心した　　イ　困った

ウ　改心した　　エ　決心した

---

3 〈空欄補充〉次の文章を読んで、あとの問いに答えましょう。

中学の音楽の葛城《かつらぎ》先生は、元テノール歌手で、ドイツに住んでいたこともあり、白髪頭《しらがあたま》をオカッパにしてて、やたらと丁寧《ていねい》な言葉遣《づか》いでしゃべる。ヘンな先生だなあと思っていたら、ほんとにヘンなことを言い出した。再来週《さらいしゅう》の実技テストを男女のペアで歌えってのはどうよ？　それも出席番号順とかじゃないのよ。

「せっかく男女で歌うのですから、お好きな方と約束するといいです。これぞと思う方に申し込《こ》みをしてください」

もう音楽室は悲鳴の嵐《あらし》。

「ただし、男性は女性の申し込みを断ったらいけませんよ。三人に申し込まれたら三回歌うようにね」

「あぶれたヤツはどうなるんですか？」

こう聞いたのが、いかにもあぶれそうな柔道《じゅうどう》部の重量級の工《く》藤寛《どうひろし》だから笑えたけど。

「その場合は、あぶれた皆さんで大合唱しましょう。良いお点はあげられませんがね」

冗談《じょうだん》！　あぶれ者の大合唱なんてそんな□ことさせられたら、次の日から顔をあげて廊下《ろうか》を歩けないよ。

（佐藤多佳子《さとうたかこ》「第二音楽室」より）

問い　□に入る適切な言葉を次から選び、記号で答えなさい。

ア　みっともない　　イ　くやしい

ウ　喜ばしい　　エ　願ってもない

練習問題

1 次の文章を読んで、あとの問いに答えましょう。

私は、生き物の気配を感じたくなると、その家で飼われていた犬のチロの側《そば》に行った。と、言っても、もちろん、犬と遊ぶようなことはせず、ただ彼《かれ》が尻《し》っぽを振《ふ》ったり、つながれたポーチの中を意味なく走り回《ま》わったりするのを見ていた。彼も、私が犬を［A］種類の人間でないことが解《わか》っていたので、じゃれ付くようなことはなかった。彼は、暑さのせいで、いつも舌をだらりと伸《の》ばして不愉快《ふゆかい》そうに息をしていた。チロは、色々なことを憎《にく》んでいるのかもしれないなあ。私は、麦茶を飲みながら、いつも、彼を見ていた。

ある日、いつものように、チロのところに行くと、彼は食事の最中だった。彼は、私のことなど見向きもせずに、［B］に私たちの昼食の残りのカレーライスを食べていた。それを見た瞬間《しゅんかん》、何故《なぜ》か、私の内に、彼に対する強烈《きょうれつ》な［C］が芽生えて来た。カレーライスを食べなければならないという立場に立たされた犬に、私は共感を覚えたのである。

（山田詠美《やまだえいみ》「晩年の子供」より）

---

(1) 〈空欄補充〉［A］に入る最も適切な言葉を次から選び、記号で答えなさい。

ア 遠ざける
イ いやがる
ウ 可愛《かわい》がる
エ 失望させる

□

(2) 〈空欄補充〉［B］には、「他のことが目に入らないほど集中しているさま」を表す四字熟語が入ります。□に漢字を一字ずつ入れて、四字熟語を完成させなさい。

□心□乱

(3) 〈空欄補充〉［C］に入る最も適切な言葉を次から選び、記号で答えなさい。

ア いとおしさ
イ 腹立たしさ
ウ 不愉快さ
エ 晴れがましさ

□

考えよう

「共感を覚えた」と合う言葉はどれかな？

2 次の文章を読んで、あとの問いに答えましょう。

「この店のご主人のこだわりは、スープのとりかたにあるそうで……」
「彼《かれ》ってデートのコースにはこだわるんだ」
「さすが大学教授、こだわりの書斎《しょさい》だなあ」

　こんな言い回しが、ちっとも珍《めずら》しくない今日このごろ。コマーシャルにも非常に多い。でも、私はいちいち引っかかってしまう。「こだわる」が、いい意味で用いられているのが、しっくりこなくて、気持ち悪い。

「こだわる」とは、気にしなくていいようなことを気にする、拘泥《こうでい》する、という意味で、本来いいニュアンスのある語ではなかった。

「まだ過去にこだわっているのか」
「国籍《こくせき》にこだわるなんて、[A]」
といった具合に。

　それが、こんにちのように変わってきたのは、ひとえにグルメブームのためだろう。

　初期のころは、「グルメ界におけるこだわり」にも、本来のニュアンスがかなり色濃《こ》く出ていたように思う。

　この道何十年といったおやじさんが、普通《ふつう》では考えられないほどの手間ひまをかけて、材料を選んだり、だしを取ったりする。そういう場合「そこまでする？」という驚《おどろ》きを込《こ》めて、「おやじさんは、素材とだしにこだわっています」というような言い方をした。

　つまり「こだわり」というのは「頑固《がんこ》」という、これも[B]はいいニュアンスではない語とセットで、グルメ界に定着していった。それが次第に「細かいことを気にかけるほどいい」という風潮や、ブランド志向や本物志向とも相まって、他の分野にも、あっというまに広がった。こだわり合戦のようになり、「こだわる」はまるでものごとにかける情熱の指標《しひょう》のようになってしまった。

　広辞苑《こうじえん》の第四版には、この用法は載っていない。が、驚いたことに大辞林《だいじりん》には「(いい意味で)細かいことにやかましくする」という記述がある。

「いつまで『こだわる』に[C]の？」と言われる日は遠くないのかもしれない。

（俵万智《たわらまち》「かすみ草のおねえさん」より）

（注）拘泥する＝必要以上に気にしてこだわること。

(1) 〈空欄補充〉[A]に入る最も適切な言葉を次から選び、記号で答えなさい。

ア　おかしいよ　　イ　すばらしいよ
ウ　安心するよ　　エ　うれしいよ

(2) 〈空欄補充〉[B]に入る適切な言葉を、本文中から二字で書き抜きなさい。

(3) 〈空欄補充〉[C]に入る最も適切な言葉を次から選び、記号で答えなさい。

ア　惑《まど》わされている
イ　狂《くる》わされている
ウ　こだわっている
エ　騙《だま》されている

ステップアップ

1 次の文章を読んで、あとの問いに答えましょう。

仏壇《ぶつだん》の前で胸倉《むなぐら》を取らんばかりにやり合っているのは、父親の仙吉《せんきち》と門倉《かどくら》である。仙吉の亡父《なきちち》初太郎《はつたろう》の一周忌《いっしゅうき》の席であった。門倉が仏壇に供えたお経料の包みの分厚さを仙吉がとがめ、差し出がましい真似はよせよと、包みをポケットに押《お》し戻《もど》したのが悶着《もんちゃく》のはじまりである。

「息子《むすこ》がついてるんだ。他人がこういう心配することないよ」

①門倉も引き下《さ》がらなかった。

「仏さんはおれのこと他人と思ってなかったぜ」

ひとり息子のお前とは口も利かなかったが、おれにはひと山当てて札ビラ切っていた全盛時代のはなしを聞かせてくれた、と仙吉の［A］をついて逆襲《ぎゃくしゅう》した。

「他人にゃいいとこ見せてたんだよ。尻拭《しりぬぐ》いさせられたこっちの身になってみろ。そうそういい顔出来るか」

「それにしちゃ葬式《そうしき》張り込《こ》んだじゃないか。馬鹿でかい仏壇買い直して、毎日お灯明《とうみょう》あげてるっていうしさ。邪慳《じゃけん》にしたんで気がとがめてるんだろ。なんのかんのいったって、父子《おやこ》なんだよ」

気持《きもち》だから固いこと言わずにと、力ずくで仏壇にもどしたが、

「気持がどうしてこんなに分厚いんだ」

融通《ゆうずう》の利かない仙吉はその場でなかを改め、十円札一枚だけを残して札入れに仕舞《しま》わせ、ようやくけりがついた。（中略）

二人の小競《こぜ》り合いは、ラジオ体操のごとく日常茶飯時《にちじょうさはんじ》であり、これを繰返《くりかえ》しながら、二十年以上のつきあいになる。

このあと、物かげで門倉はたみに叱言《こごと》を言われた。

「この間も言ったじゃありませんか。門倉さんが軍需《ぐんじゅ》景気で［B］のは判《わか》るけど、うちは一介《いっかい》の月給取りなんですよ。暮《くら》しには、高低《たかひく》があるのよ。こういうことされたんじゃ、とてもおつき合い出来ませんよ」

「申しわけありません。以後気をつけます」

五尺八寸《ごしゃくはっすん》の偉丈夫《いじょうふ》が、五尺そこそこのたみの前で、小学生のように、［C］の姿勢をとり、キチンと頭を下げた。たみはちょっと困ったような顔をして座敷《ざしき》へもどっていった。

門倉はそのままでしばらく立っていた。出過ぎたことをしてかしたり、女道楽のゴタゴタを起して、たみに叱《しか》られ諭《さと》される。これが門倉にとって一番幸せなのだ。②至福のときはひとりで噛《か》みしめたい。すぐ動いたりしては勿体《もったい》なかった。

（向田邦子《むこうだくにこ》「あ・うん」より）

（注）一周忌＝故人が亡くなってから一年の節目のこと。
灯明＝神仏に供える灯火。みあかし。
邪慳＝意地悪く無慈悲で荒々しいこと。
軍需景気＝軍需産業の好況で、全体が活気を帯びること。
五尺八寸の偉丈夫＝体が立派で、すぐれた男。

(1) 〈リード文の空欄補充〉——線①「門倉も引き下らなかった」とありますが、それはなぜですか。理由をまとめた次の文の□に入る適切な内容を本文中から**十字**で探し、初めの**五字**を書き抜きなさい。

仙吉の父親は自分のことを□と自信をもって言えるから。

(2) 〈空欄補充〉 A に入る最も適切な言葉を次から選び、記号で答えなさい。

ア 意気天《いきてん》
イ 痛いところ
ウ 怒髪天《どはつてん》
エ 提灯《ちょうちん》で餅《もち》

(3) 〈空欄補充〉 B に入る最も適切な言葉とその意味を次からそれぞれ選び、記号で答えなさい。

ア 給料が減った
イ 健康を損ねた
ウ 健康になった
エ 羽振《はぶ》りのいい

（意味）

カ みじめである
キ 経済力がある
ク 見た目がよい
ケ 戦争を憎む

(4) 〈空欄補充〉 C に入る最も適切な言葉を次から選び、記号で答えなさい。

ア 一心不乱
イ 異口同音
ウ 以心伝心
エ 直立不動

(5) 〈リード文の空欄補充〉——線②「至福のとき」とありますが、なぜ門倉はこのように感じているのですか。その理由をまとめた次の文の□に入る適切な言葉を、Ⅰは**十字**、Ⅱは**四字**で本文中から探し、それぞれ書き抜きなさい。

門倉にとって Ⅰ ときが Ⅱ を感じられるから。

Ⅰ

Ⅱ

スマホでサクッと慣用句チェック≫P2

2

第2章　文学的文章

様子を捉《とら》える

✔ チェックしよう！

様子の捉え方

☑ 場面の様子を捉える。
季節、天候、風景、場所、事物　など

天候や風景には、登場人物の心情が表れていたり、今後の場面展開が暗示されていたりするよ。

☑ 登場人物の様子を捉える。
風貌《ふうぼう》、表情、行動　など
登場人物の情報に着目して、人物像をおさえる。
登場人物の表情や行動に着目して、心情をおさえる。

(例)　黒ずくめのその男は、何か神妙《しんみょう》な顔で、木枯《こが》らしの吹《ふ》きぬけるオフィス街の一角を早足で歩いていた。

（黒ずくめのその男は＝登場人物の様子／何か神妙な顔で＝登場人物の様子／木枯らしの吹きぬけるオフィス街の一角＝場面の様子／早足で歩いていた＝登場人物の様子）

確認問題

1 〈登場人物の様子〉次の文章を読んで、あとの問いに答えましょう。

「おじさん。まだ歩くの。走っちゃだめなの」
俊一《しゅんいち》ががまんできないというふうに言った。
「まだまだ。まだ姿勢が悪いぞ。それでは、空に飛んでいけないだろ」
翔《しょう》も走りたくてうずうずしていた。征《せい》さんの言うように、姿勢をまっすぐにして歩いていると、体が軽くなってくる。まるで滑走路《かっそうろ》から飛び立つ飛行機のように、このまま空中にうきあがっていくのじゃないか。たしかにそんな感じがしてくる。たぶん、俊一もそうなのだろう。

（横山充男《よこやまみつお》「ラスト・スパート」より）

問い　本文中の子どもたちの様子として最も適切なものを次から選び、記号で答えなさい。

ア　走るよりも楽しいと思って歩いている。
イ　走りたいのをがまんして、歩いている。
ウ　走ることをあきらめて歩いている。
エ　歩くことのむずかしさにとまどっている。

[　　]

2 〈登場人物の様子〉次の文章を読んで、あとの問いに答えましょう。

この谷川の奥《おく》のアカマツと、さらに奥のブナの森が切られている。村との協定で、水源を痛めないように、計画的に切っていくことになっているが、父にいわせれば、山も川も荒《あ》れていくことになる。森を守り、川を守ることは、くらしを守ることだ、それは人間を守ることだと、父はいう。そのとおりだと、森人《もりと》も思う。だから、あのカプセルのなかの手紙も書いたのだ。
《それなのに、おれは、村を出ていきたいと思っている。こずえ姉ちゃんも出ていった。家の仕事をつぐおれがいなくなれば、父さんや母さんは、悲しむだろう》
考えれば、気が重くなる。だから考えないようにしようと思うのだが、村を出たいという気持ちは、くりかえし森人のなかに湧《わ》いて出る。

（及川和男《おいかわかずお》「森はよんでいる」より）

（注）あのカプセル＝森人が川下にいる人たちに書いた手紙を入れて川に流したカプセル。

問い 本文中の「森人」の様子として最も適切なものを次から選び、記号で答えなさい。

ア 父の自分勝手な考えに賛同できず苦しんでいる。
イ 村を出ることは自分には無理だとあきらめている。
ウ 村を出るべきかとどまるべきかと悩《なや》んでいる。
エ 村にとどまって水源を守ろうと決意している。

[　　]

3 〈場面の様子〉次の文章を読んで、あとの問いに答えましょう。

人形が見当たらないことで動揺《どうよう》したのはオパールではなく、ママの方だった。

「まただわ。また、連れて行かれてしまった」

家中を探し回りながらずっと、ママはそうつぶやき続けていた。あらゆる場所を探しつくし、すっかり疲《つか》れ果て、床に座り込んでしまった時には、ほとんどうめき声も同然になっていた。琥珀《こはく》にはとても本当のことを告白する勇気がなかった。

「また一人、減った」

「ただのお人形よ」と、オパールは言った。「毛糸でできた、古ぼけたおもちゃ」

「戻《もど》ってこない」

「平気よ。わたし、もう十一歳《さい》だから。いらなくなったおもちゃは、知らない間にどこかへ行っちゃうの。いつだってそう」

「どこかに隠《かく》れた抜け道があるに違《ちが》いありません。窓を閉めなくちゃなりません」

「大丈夫。さっき琥珀が全部鍵《かぎ》を掛《か》けたもの。ほら、カーテンだって引いてある」

オパールの声はどこまでも落ち着いていた。


（小川洋子《おがわようこ》「琥珀のまたたき」より）

問い 本文中の場面をまとめた次の文の[　]に入る最も適切な言葉を、ア〜オからそれぞれ選び、記号で答えなさい。

[Ⅰ]がどこかへ行ってしまったが、[Ⅱ]は[Ⅲ]場面。

ア オパール　イ 人形　ウ ママ
エ 動揺している　オ 落ち着いている

Ⅰ [　　]　Ⅱ [　　]　Ⅲ [　　]

練習問題

1 次の文章を読んで、あとの問いに答えましょう。

始まりは、夏休みに伯母《おば》の家を両親に連れられて訪ねたことからである。暑い夏、私は、とても退屈《たいくつ》していた。退屈は、いつも、私に色々なことを教えてくれる。私は、氷を入れた冷たいお茶のグラスの外側に水滴《すいてき》が付いて重みを増し、それらが流れ落ちて行く様子を見詰《みつ》めたり、あまりの暑さに身動きも出来ない空気を悲しく思ったりすることに、毎日を費《つい》やしていた。伯母の家は、林に囲まれていて、私は、よく、その中を歩きまわった。そして、粉を吹《ふ》き出すきのこや、小川のふちに群をなす糸とんぼに触《ふ》れるのが好きだった。私は、決して、それを子供らしい好奇心《こうきしん》から楽しんでいたわけではない。私は、ただ退屈していたのだ。母は、私を好きなようにさせてくれた。彼女《かのじょ》は久し振《ぶ》りに会う姉とのおしゃべりに夢中で、私どころではなかった。父は伯父《おじ》と碁盤《ごばん》をはさんで向かい合い、やはり、私には目もくれなかった。妹は従妹《いとこ》と子供らしい遊びに熱中していて、私を仲間はずれにしていた。私は、誰《だれ》からも見捨てられているという気分を存分に味わっていた。私は、そうされることが、時々、好きだった。つまり、私は、少しばかり、風変わりな子供だったのだ。

（山田詠美《やまだえいみ》「晩年の子供」より）

---

(1) 〈登場人物の様子〉伯母の家を訪ねたときの「私」の様子をまとめた次の二つの文の□に入る適切な言葉を、本文中から**Ⅰ**は**二字**で書き抜《ぬ》きなさい。**Ⅱ**は**十七字**で探し、**初めの五字**を書き抜きなさい。

Ⅰ からさまざまなことを学んでいる。
Ⅱ を味わっている。

Ⅰ

Ⅱ

(2) 〈登場人物の様子〉「私」が子供時代の「私」自身を表現している言葉を本文中から**七字**で書き抜きなさい。

(3) 〈登場人物の様子〉本文中での「私」の様子として最も適切なものを次から選び、記号で答えなさい。

ア 明るく活発に動き回っている。
イ 気分が落ち込《こ》みふさぎこんでいる。
ウ 自分の周りの世界を楽しんでいる。
エ 自分だけ一人になりすねている。

2 次の文章を読んで、あとの問いに答えましょう。

夏の朝って、どうしてこんなに気持ちがいいんだろう。山から下りてきた冷気がまだたっぷりと残っている空中は、しっとりと湿《しめ》っている。緑の海のような田んぼの道を風を切って走っていると、①口笛でも吹《ふ》きたくなる。と思ったとたん、リュウセイが口笛を吹きだした。

「なんの曲？」

「『コンドルは飛んでいく』」

「なつかしー。小学校のとき、リコーダーで練習したね。②でも全然、そう聞こえませんけど」

「るっせえ」

軽口をたたき合っていると、すぐにいつもの二人に戻《もど》れた。

朝来川《あさぎがわ》のほとりで自転車を止めた。朝の朝来川は名のとおり、昇《のぼ》ったばかりの太陽を受けて水面がキラキラ光り、ほんとうにまるで川底から朝が生まれてきたかのような気配に満ちていた。

ピチッ。銀色のウロコを光らせて小魚が跳《は》ねた。

「魚って、なんで跳ねるんやろ。空中にエサがあるわけないし、ムダな動きするなあ」

ハルが言うと、

「③おれらがラグビーやったり、ソフトに夢中になったりするんと一緒《いっしょ》ちゃう？」

とリュウセイは答えた。

（八束澄子《やつかすみこ》「おたまじゃくしの降る町で」より）

---

(1) 〈登場人物の様子〉――線①「口笛でも吹きたくなる」とありますが、この表現からわかる登場人物の様子をまとめた次の文の□に入る適切な言葉を、本文中からⅠは二字、Ⅱは三字、Ⅲは六字で書き抜きなさい。

［Ⅰ］が［Ⅱ］を［Ⅲ］と感じている様子。

Ⅰ　Ⅱ　Ⅲ

(2) 〈登場人物の様子〉――線②「でも全然、そう聞こえませんけど」とありますが、この言葉に表れている二人の関係として最も適切なものを次から選び、記号で答えなさい。

ア お互《たが》いに遠慮《えんりょ》なくものを言い合える関係。
イ お互いに相手を嫌《きら》っていていがみ合う関係。
ウ 何かにつけてお互いに競《きそ》い合う関係。
エ ハルが一方的にリュウセイを馬鹿《ばか》にする関係。

(3) 〈情景〉――線③「おれらがラグビーやったり、ソフトに夢中になったりするんと一緒ちゃう？」とありますが、リュウセイが、何のどのような様子が自分と一緒だと言っているかをまとめた次の文の□に入る適切な言葉を、本文中からⅠは一字、Ⅱは五字で書き抜きなさい。

［Ⅰ］が生きるのに必要のない［Ⅱ］をする様子。

Ⅰ　Ⅱ

1 次の文章を読んで、あとの問いに答えましょう。

（けがをして入院していた病院を退院した「わたし」は、父の車に乗せられてピクニックに連れて行かれた。）

「下に降りるぞ」と父親は言った。車は回りながら、高速道路から一般《いっぱん》の道路にゆっくりと出ていった。それからどことなく淋《さみ》しいような街並に沿って走りつづけた。①魚の匂《にお》いが気持ち悪いほど強くなった。

「いったい、ここってどこ？」

「M町だよ。まつりの生まれたところ。一歳《さい》半までしかいなかったから、覚えていないだろうけれど」

②わたしの目と口は開いたままになってしまった。えー、どーして、どーしてなの？　車は坂道をのんびりと登っていた。両側の斜面《しゃめん》には階段のように野菜畑がつくられている。③道の脇《わき》では若緑色をした苗《なえ》が、そよぎながら水田に影《かげ》を映していた。数軒《けん》の家に囲まれるように、小さいがお寺らしい建物が見えた。父親はその門前に車を止めた。屋根瓦《やねがわら》だけは新しいけれど、ほかの部分はどこもかしこも古びて、苔《こけ》でびっしりおおわれている。

「ここだよ、ここの離《はな》れに三人で間借《まが》りしてたんだよ」と父親はハンドルに両腕《りょううで》をかけてなつかしそうに言った。

「三人ってゆうと……お父さんとお母さんとそれに……わたしのこと？」

「ああ、そう。もう亡《な》くなったけれど、とても親切な和尚《おしょう》さんだったよ。お母さんが授業しているときは、まつりのお守《も》りまでしてくれたし……は、は、は」

「授業って？」

「あれ、知らなかったのか。お母さんはここで塾《じゅく》を開いていたんだよ。いやけっこう生徒が集まってね。これがほんとの寺子屋《てらこや》だ、って笑っちゃったよ」

「それで……お父さんは今の会社に通ってたの？　ここからじゃ大変だったでしょう」

「まあね。朝六時には家を出て、まだうす暗い道を電車の駅までテクテク歩いていくんだ。でも気分よかったなあ。空気はすがすがしいし、美しい鳥の声が聞こえるし、冬は寒かったけれど、若かったから辛《つら》いなんて感じなかったよ」

「ふーん」

④わたしは二の句がつげなかった。今の二人の生活からは想像もできないような光景だった。まるで別の人間の物語のように。

「じゃあ、そろそろ海岸のほうに行くか……」

父親は特に名残《なご》りおしそうもない様子で、車をターンさせた。でもさっきよりももっと機嫌《きげん》がよくなって、昔のポップスらしい曲を小声で口ずさみはじめた。

ふいにフロントガラスの正面に、目を一瞬《いっしゅん》閉じたほどきらめく海がせりあがってきた。運転席の父親は歌をやめると、少し首をかしげた。「この近くに砂浜《すなはま》があるはずなんだが」海岸線と平行につけられた道をしばらく走ったが、堤防《ていぼう》とうず高く積まれたテトラポットが海とわたしたちのあいだをふさいでいるばかりだった。

（加藤幸子《かとうゆきこ》「茉莉花《まつりか》の日々」より）

（注）テトラポット＝コンクリート製の護岸用ブロック。

(1) 〈場面の様子〉——線①「魚の匂いが気持ち悪いほど強くなった」とありますが、ここからわかる様子として最も適切なものを次から選び、記号で答えなさい。

ア 「わたし」が魚を嫌《いや》がっている様子。
イ 車が海から遠ざかっていく様子。
ウ 海のかなり近くまで来ている様子。
エ 父が車に魚を積んでいる様子。

(2) 〈登場人物の様子〉——線②「わたしの目と口は開いたままになってしまった」とありますが、このときの「わたし」の様子をまとめた次の文の□に入る適切な言葉を、本文中から**七字**で書き抜きなさい。

父がとつぜん「わたし」を「わたし」の□に連れてきたことに驚《おどろ》いている様子。

(3) 〈場面の様子〉——線③「道の脇では若緑色をした苗が、そよぎながら水田に影を映していた」とありますが、ここからわかる様子として最も適切なものを次から選び、記号で答えなさい。

ア 秋の収穫期《しゅうかくき》を迎《むか》えている農村の様子。
イ 夏に向かおうとしている田園地帯の様子。
ウ 冬の気配がまだ残っている田園地帯の様子。
エ 夏が終わりつつある静かな農村の様子。

(4) 〈登場人物の様子〉——線④「わたしは二の句がつげなかった」とありますが、このとき「わたし」は、両親のかつての生活をどのように感じていましたか。それを表す言葉を、本文中から**七字**で書き抜きなさい。

(5) 〈登場人物の様子〉この場面での「わたし」の様子として最も適切なものを次から選び、記号で答えなさい。

ア 自分の故郷を知り、故郷に対する印象が変化している。
イ 両親の深い愛情を知り、親孝行をしようと決意している。
ウ 両親の苦労を知り、働いて助けようと決意している。
エ 両親の過去を知り、両親に対する印象が変化している。

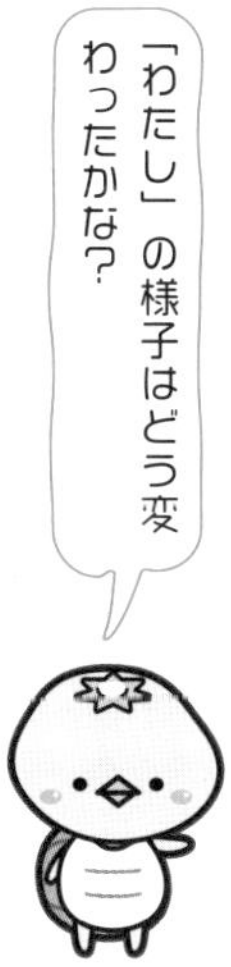

スマホでサクッと慣用句チェック≫P2

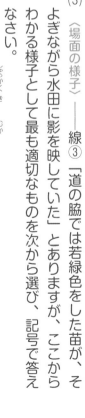

3 心情を読み取る

チェックしよう！

心情を表す言葉

☑ 心情語

・プラスの心情語

(例) うれしい、楽しい、すがすがしい、ほこらしい　など

・マイナスの心情語

(例) 悲しい、腹が立つ、うしろめたい、嫉妬《しっと》　など

☑ 表情・行動・「　」の言葉

心情の表れた表情や行動、「　」に着目して心情を読み取る。

(例) 自分の描《か》いた絵を散々に批評《ひひょう》され、何か言い返したかったが、言い返す言葉も見つからない。真理子《まりこ》は うつむいて、こぶしを強く握《にぎ》りしめた。

←心情の表れた行動

くやしい気持ち

確認問題

1 〈心情語〉次の文章を読んで、あとの問いに答えましょう。

昼休みにドッジボールをするのが流行《はや》っており、みんな給食を終えるとすぐに校庭へと飛び出していった。参加しないのは男子では博士《ひろし》くらいで、女子も体育館でミニバスケをしたり、人気があった保健の先生のところに話をしにいったりしていたから、結局、教室に残るのは博士ひとりきりだった。人がいない教室は空気がひんやりして、博士はこの雰囲気《ふんいき》が好きだった。

博士は運動には興味がなかった。五年生になって新任の柿崎《かきざき》先生の担任になってから、やたら体育に力を入れて、夏の水泳大会にまでクラス全員が出されたのは博士にとっては苦痛でしかなかった。だから、冬のミニバスケット大会のメンバーが希望者だけになった時には心の中で喝采《かっさい》していたくらいだ。

（川端裕人《かわばたひろと》「今ここにいるぼくらは」より）

問い 博士の心情として、本文中の表現から**読み取れないもの**を次から一つ選び、記号で答えなさい。

ア 不満　イ 充足感《じゅうそくかん》　ウ 嫉妬《しっと》　エ 喜び

□

2 〈心情と行動〉次の文章を読んで、あとの問いに答えましょう。

小さいときから、貝を拾うのが好きだった。くるくる巻いたソフトクリームみたいな貝、つんつんとんがった角のある貝、蝶《ちょう》の羽のように二枚がつながっている貝……。砂浜《すなはま》の砂をじゃりじゃりつけたまま、ビニールの袋にそれらをぎっしり詰めて、持って帰る。玄関《げんかん》や廊下《ろうか》や食卓《しょくたく》に砂がこぼれるので、母はあまり嬉《うれ》しくなかっただろうが、それが私のいつもの「海のおみやげ」だった。

なかでも好きなのが、「さくら貝」。もろいので、他の貝とは一緒にできず、薄《うす》いちり紙などにそっとくるんでやらなくてはならない。帰りの電車の中でもひざの上にのせて、特別扱《あつか》いである。それが「お姫《ひめ》さま」みたいで、このきゃしゃな貝が、いっそう愛《いと》おしく感じられた。

（俵万智《たわらまち》「かすみ草のおねえさん」より）

問い 本文中から読み取れる「私」の心情として最も適切なものを次から選び、記号で答えなさい。

ア 小さいときにはさくら貝を拾うのがとても好きだった。
イ 特別扱いしたさくら貝に対しては特に愛おしく思った。
ウ 玄関や廊下や食卓に砂をこぼしてしまい嬉しくなかった。
エ 他の貝と一緒にしたさくら貝はいっそうかわいらしい。

---

3 〈心情〉次の文章を読んで、あとの問いに答えましょう。

海辺でのひとり遊びはそれから始まるのだが、ときには、そのまま家へ帰ってしまうこともある。ひとりで遊んでいると、海から引き揚《あ》げるタイミングがなかなかむずかしいのだ。友達や家族がいっしょなら、誰《だれ》かが言いだして、「そろそろ帰ろう」となるが、ひとりきりでは、そうはいかない。てっちゃんは腕《うで》時計《どけい》をもっていないので、時間で区切りをつけるわけにもいかない。ではどうするか？ 満腹感だ。なんというか、ああもう十分吸った、海のエキスをたっぷり吸った、そう感じたときが潮時なのだ。幸せな時間をいっぱい食べたてっちゃんは、ふたたび自転車に飛び乗り、<u>海を後にする</u>。「ただいま」と玄関先《げんかんさき》で叫《さけ》ぶときには、明るく元気な太陽少年に、すっかり戻《もど》る。

（かしわ哲《てつ》「茅《ち》ヶ崎《がさき》のてっちゃん」より）

問い ――線「海を後にする」とありますが、このときのてっちゃんの心情として最も適切なものを次から選び、記号で答えなさい。

ア 満ち足りた幸せを感じている。
イ どことなく寂《さび》しさを感じている。
ウ 少し物足りなさを感じている。
エ 強くあせりを感じている。

てっちゃんにとって、海はどんな場所なのかな？

練習問題

1 次の文章を読んで、あとの問いに答えましょう。

「姿勢をくずすな！」

背中に目があるみたいに、征《せい》さんは歩きながらさけんだ。

翔《しょう》たちは、くずしかけた姿勢をもどした。①そのまま、速足で歩く。ジョギングくらいの速さだ。それにしても、なんてきもちがいいんだろ。ほんとうに、空を飛んでいる気分だ。

すると、征さんは、さらに速度をあげた。

「姿勢をくずさないまま、②ランニングに入る。だが、気分はあくまでも歩きだ。つま先で地面をけって走るな。着地するときも、足のうら全体で、きちんと着地しろ。じゃあ、いくぞ。テイクオフだ」

まるで鴨《かも》の親子みたいだったろう。先頭の征さんが、きれいな姿勢でランニングに入る。あとにつづく小鴨たちも、見よう見まねで滑走《かっそう》をはじめた。体がふわっとういて、ふわっと着地する。また体がういて、着地する。これなら、どこまでも走っていけそうだ。しかも、思ったよりもスピードが出ている。でも、ちっとも息はくるしくない。なんて、きもちがいいんだ。

③ああ、思い切り走りてえ！

（横山充男《よこやまみつお》「ラスト・スパート！」より）

（注）テイクオフ＝離陸《りりく》すること。ここでは「ランニングを始める」という意味。

---

(1) 〈心情〉――線①「そのまま、速足で歩く」とありますが、このときの翔の心情が読み取れる言葉を、本文中から**六字**と**九字**で二つ書き抜《ぬ》きなさい。

(2) 〈心情〉――線②「ランニングに入る」とありますが、征さんに従ってランニングをしたときの翔の心情として最も適切なものを次から選び、記号で答えなさい。

ア　きもちがよく、どこまでも走れそうだと感じている。
イ　もっと速度を上げて走りたいといらいらしている。
ウ　歩きつづけてつかれたので走りたくないと思っている。
エ　征さんのまねをするのは難しく面倒《めんどう》だと感じている。

(3) 〈心情語〉――線③「ああ、思い切り走りてえ！」とありますが、このときの翔の心情を表す言葉として最も適切なものを次から選び、記号で答えなさい。

ア　失意　イ　驚嘆《きょうたん》　ウ　熱望　エ　感心

2 次の文章を読んで、あとの問いに答えましょう。

自分のカメラで初めてとった写真が仕あがってきたときは、①袋《ふくろ》から出すのももどかしい気持ちだった。ところがサービスサイズに伸《の》ばされた写真を見て、とても信じられなかった。

えーっ、これって何よ!? 駅前の広場でとった十数枚にはほとんど同じものが映っている。砂利《じゃり》だらけの地面と不細工《ぶさいく》なスニーカーとベンチの脚《あし》らしき太い棒ぐいだけ。②わたしを駆《か》りたてたあのかれんな草の花、〝青い星座〟はどこにあるの? 棒ぐいの横に葉のようなものが二、三枚見えるけれど、カメラに近い空中には綿ぼこりみたいなぐじゃぐじゃの塊《かたまり》が浮《う》かんでいるだけで、いったいどうしてこういう始末になったのか、わたしはすぐにはのみこめなかった。

やや落ちついて考えてみると、どうやらあのときわたしは興奮しすぎていて、レンズを花に密着させたまま、シャッターを押《お》しつづけたものらしい。〈カメラを顕微鏡《けんびきょう》とまちがえるなよ〉と恵《めぐみ》に笑われるにきまっているが、③彼女《かのじょ》をとった後半の写真は、そんなに悪くはない。受験勉強で目が三角になっている彼女を「おねがい、一時間だけつきあって。たまには脳だって休《きゅう》憩《けい》させなくちゃかわいそーじゃん」とか言って、モデルをつとめることを強要したのだから、失敗したらもう彼女に合わす顔はなかったのだ。

（加藤幸子《かとうゆきこ》「茉莉花《まつりか》の日々」より）

(1) 〈心情〉――線①「袋から出すのももどかしい気持ち」とありますが、このときの「わたし」の心情として最も適切なものを次から選び、記号で答えなさい。

ア うまくとれていないのではないかと不安になっている。
イ 初めてなので失敗しているだろうとあきらめている。
ウ いい写真がとれているのではないかと期待している。
エ なかなか袋から写真が出てこなくていらだっている。

(2) 〈心情〉――線②「わたしを駆りたてたあのかれんな草の花、〝青い星座〟」とありますが、この写真をとっていたときの「わたし」の心情が読み取れる部分を、本文中から**二字**で書き抜きなさい。

(3) 〈心情〉――線③「彼女をとった後半の写真」とありますが、この写真のできばえに対する「わたし」の心情として最も適切なものを次から選び、記号で答えなさい。

ア あまりにもひどいできばえだとあきれている。
イ 予想外によくとれているものだと驚《おどろ》いている。
ウ まずまずのできばえだとほっとしている。
エ 恵を納得させられそうにないと落ち込《こ》んでいる。

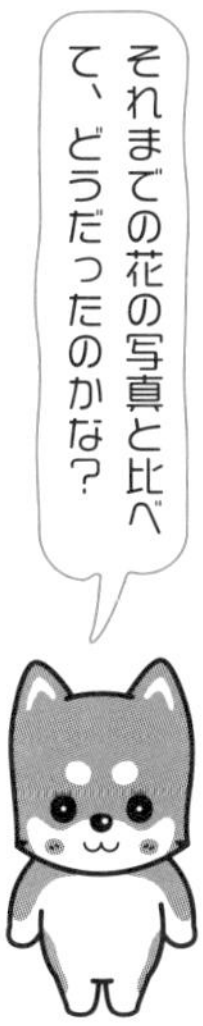

それまでの花の写真と比べて、どうだったのかな?

ステップアップ

1 次の文章を読んで、あとの問いに答えましょう。

「始め」

号令がかかった。

的に目をやる。向かうべき場所。体がぐっとしまる。何も考えなくてもいい。正しい呼吸が、正しい所作を連れてくるから。

早弥《さや》は弓を起こし、構えた。

少しずつ、意識が凝縮《ぎょうしゅく》してくる。

どこかで勇ましい音がはじけた。たぶん歩《あゆみ》の矢の音だ。確認したとたん、なぜかぐっと集中力が増した。もうなにもきこえない。

ゆっくりと腕《うで》が動いた。引いた。引きしぼる。密封《みっぷう》された静《せい》寂《じゃく》が訪《おとず》れる。そして、早弥の一射目が、潔《いさぎよ》い短い音とともに的を射抜《いぬ》いた。

①一つ、一つ。

早弥は自分に言い聞かせた。自分は一度にたくさんは進めない。以前はそれがいやだった。なんでも器用にこなす春《はる》や、特別な才能を持っている実良《みら》のことが、うらやましくてたまらなかった。彼《かれ》らの姿は、できない自分を映す鏡でもあったから、②くさりそうになったこともある。

けれど二年半、不器用に弓道《きゅうどう》を続けているうちに、早弥にはわかったことがある。一歩一歩しか歩けないのなら、長い間歩いていればいいのだということ。人が歩みをやめてしまっても歩いていればいいし、やめてしまっても、ひたすら続けていればいい。

きゃん、ぱん。

③それでいいのだと答えるように、弦音《つるね》が鳴った。

早弥は新たな矢を番《つが》えた。体の奥《おく》で何かがはじけそうになっている。今までに感じたことのない、力が生まれそうになっている。

弓を起こす。とつぜんデジャヴを感じた。一回戦のときのあの感じ。自分の中に別の力を見つけた感じ。今度はしっかりと感じられる。④それをつかみたくって、右手を伸《の》ばした。手が伸びる。弦が先導してくれる。右手が触《ふ》れる。大事につかむ。そっと。けれど確かに。

しっかりと握《にぎ》りしめた自分を、暗闇《くらやみ》の外からだれかが呼んでいる。声の方向に向かって、こぶしを突《つ》き上げる。

ぱりん。硬《かた》いものにひびが入ったような音がした。うっすらとまぶしい光が見えた。早弥がこぶしを打ちこんだところから、放射状にひびが入っている。差しこむ光でそれがわかる。それに向かって、早弥は必死でさらなる力をこめた。力がどこか、ほかのところから来ているみたいだ。弓を握る力も、弦を引く力も自分のものではないみたいだった。

光が強くなる。体に力がみなぎる。

きゃん、

弦が鳴った。眼球の奥に赤い色が走り、後頭部から尾骶骨《びていこつ》に向けて、電流が流れたようだった。体がしびれている。

なに？

初めての感覚だった。⑤だけどこれだと思った。殻《から》から抜《ぬ》けたような爽快感《そうかいかん》が体を満たした。

ぱん。

音がするまでの時間が果てしなく長かったように感じた。全身に神経が戻《もど》ってきて、的がクリアに見えた。

中《あた》っている。

（注）デジャヴ＝前に見たような感じ。

（まはら三桃《みと》「たまごを持つように」より）

(1) 〈心情〉――線①「一つ、一つ」とありますが、このときの早弥の心情として最も適切なものを次から選び、記号で答えなさい。

ア 矢が中ったことがうれしくて興奮している。
イ 次の矢が的に中るかどうか不安になっている。
ウ 失敗しないように自分を奮い立たせている。
エ 焦《あせ》らないよう自分を落ち着かせようとしている。

□

(2) 〈心情語〉――線②「くさりそうになったこともある」とありますが、このときの早弥の心情を表す言葉として最も適切なものを次から選び、記号で答えなさい。

ア 充実感《じゅうじつかん》　イ 劣等感《れっとうかん》
ウ 優越感《ゆうえつかん》　エ 疎外感《そがいかん》

□

早弥は、春や実良に対してどのような気持ちを持っていたのかな？

(3) 〈心情〉――線③「それでいいのだと答えるように、弦音が鳴った」とありますが、このときの早弥の心情として最も適切なものを次から選び、記号で答えなさい。

ア 今の自分自身に自信を持とうと思っている。
イ 自分の結論が本当に正しいのか悩《なや》んでいる。
ウ どうにか自分で自分をごまかそうとしている。
エ 矢を中《あ》てることに集中しなければと焦っている。

□

(4) 〈心情〉――線④「それをつかみたくって、右手を伸ばした」とありますが、このときの早弥の心情をまとめた次の文の□に入る適切な言葉を、本文中から**Ⅰは四字**、**Ⅱは三字**で書き抜きなさい。

Ⅰに見つけたⅡを確かめたいという気持ち。

Ⅰ □□□□
Ⅱ □□□

(5) 〈心情語〉――線⑤「だけどこれだと思った」とありますが、このときの早弥の心情を表す言葉として最も適切なものを次から選び、記号で答えなさい。

ア 共感　イ 確信
ウ 絶望　エ 茫然《ぼうぜん》

□

スマホでサクッと慣用句チェック≫P2

4 理由を捉《と》える

✔チェックしよう！

理由の捉え方

☑心情の理由

心情の理由を捉えるには、
・登場人物の人物像
・登場人物どうしの人間関係
・場面で起こっているできごと
に着目する。

（例）
……数学が苦手
……ライバル
……自分の方がテストの点数が良かった
→ うれしい・達成感

☑行動の理由

行動の理由を捉えるには、
・場面で起こっているできごと
・登場人物の心情
に着目する。

（例）
……ライバルに勝った
……うれしい
→ ガッツポーズをした

できごと・心情・行動を一つのセットにして考えるよ！

確認問題

1 〈行動の理由〉次の文章を読んで、あとの問いに答えましょう。

足音に気づいて振《ふ》り向いたサンペイ君の顔を見て、博士《ひろし》は目を瞠《みは》った。
同じ帽子《ぼうし》をかぶっていて、鼻水も垂らしているけど、これ、違《ちが》う子なんじゃないだろうか。目つきがきりっとしており、いつも窓から外を見ているぼんやりした感じと食い違《ちが》う。
「お、ハカセ君か。どうしたのかね。昼休みなのに外に出るなんて、センセに怒《おこ》られるぞ」

（川端裕人《かわばたひろと》「今ここにいるぼくらは」より）

問い ——線「博士は目を瞠った」とありますが、なぜですか。理由をまとめた次の文の□に入る適切な言葉を、本文中から**Ⅰは十二字**、**Ⅱは二十字**で探し、それぞれ**初めの五字**を書き抜《ぬ》きなさい。

［Ⅰ］が［Ⅱ］と違っていて驚《おどろ》いたから。

Ⅰ □□□□□

Ⅱ □□□□□

2 〈行動の理由〉次の文章を読んで、あとの問いに答えましょう。

あの日、名美《なみ》はギターを置いたまま先に帰っちゃったから、ギターは部室に置いてあるよって報告と一緒《いっしょ》に、ゴメンってメールしたんだ。よけいなことしてゴメンって。返信なくて。二度送ったけど、やっぱりなくて。電話する勇気はなくて。それから、ずっと無視されてる。クラスでは目も合わさない。部活はウチのほうが恐《こわ》くて行けなかった。名美も来てないって若《わか》ちゃんがメールくれた。少しスネてるだけだよ。別にノン太は悪いことしたわけじゃないし、そのうち元《もと》に戻るよ、と、若ちゃんは言ってくれるけど、そんな簡単な問題じゃない。そんなやさしい雰囲気《ふんいき》じゃない。名美は真剣《しんけん》に怒《おこ》ってる。ウチは確かに悪いことはしてなくて、逆に詫《わ》びを入れることができない。

（佐藤多佳子《さとうたかこ》「第二音楽室」より）

問い ——線「そんな簡単な問題じゃない」とありますが、なぜウチはこう思うのですか。その理由をまとめた次の文の□に入る最も適切な言葉を、本文中からⅠは**四字**で、Ⅱは**六字**で探し、それぞれ書き抜きなさい。

［Ⅰ］をしていないからこそ、かえって［Ⅱ］こともできないから。

Ⅰ □□□□

Ⅱ □□□□□□

3 〈心情の理由〉次の文章を読んで、あとの問いに答えましょう。

いくらなだめすかしても、弟のやつは「母ちゃんにあいたい！ 母ちゃんとこにいきたい！」と泣きじゃくるだけだった。

どうしてもあいたいのなら電話をしてみようかと持ちかけた。ぼくの家には電話が入ったばかりだった。ぼくたち子供は電話をかけることを禁じられていたけど、弟をなだめるためなら祖父母や父もきっとゆるしてくれるだろうと思った。母が入院している病院の電話番号はどこかにあるはずだ。

それでも弟は「母ちゃんにあいたい！ 母ちゃんのとこにいきたい！」の一点張りだった。

弟があまりに泣きじゃくるものだから、そのうちにぼくはせつなくなってきた。なだめる気持ちがすぼまってぼく自身も母にあいたいと強く思ってしまった。がまんできなくなってしまった。祖父母にいえば日曜日まで待とうと諭《さと》されるにきまっている。父もそういうだろう。日曜日はもちろん、明日までも待てない気分だった。その日のうちに母にあいたかった。

（川上健一《かわかみけんいち》「翼《つばさ》はいつまでも」より）

問い ——線「ぼくはせつなくなってきた」とありますが、理由として最も適切なものを次から選び、記号で答えなさい。

ア 弟のなだめ役を押《お》しつけられ、うんざりしていたから。
イ わがままばかり言って泣いている弟に腹が立ったから。
ウ 自分では祖父母や父を説得する自信がなかったから。
エ 弟が泣くのを見て、自分も母親が恋《こい》しくなったから。

「ぼく」が、どのような思いをもったのかを読み取ろう。

□

練習問題

1 次の文章を読んで、あとの問いに答えましょう。

　さと子は、たみと門倉《かどくら》のまんなかに坐《すわ》ってレントゲンの順番を待っていた。門倉の紹介《しょうかい》の大学病院である。両脇《りょうわき》のふたりは、ひとことも口を利かなかった。つい今しがた、看護婦が、ふたりをさと子の両親と間違《まちが》えたばかりである。幼い頃、さと子は門倉が父だったらよかったと思ったことがある。門倉はよくみんなに気の利いたみやげものを買って来た。仙吉《せんきち》には、舶来《はくらい》のライター、さと子にはビロードの黒猫《くろねこ》のハンドバッグ、初太郎《はつたろう》には印伝《いんでん》の煙草《たばこ》入れ。しかし、①たみには、帯締《おびじ》め一本買ってきたことはなかった。今まで気づかなかったが、買わないことが門倉の気持《きもち》だったのだ。

　さと子は名前を呼ばれて立ち上った。レントゲン室のドアを入るときふり向くと、ふたりは、そのまま離《はな》れて坐っていた。生《き》まじめな顔をして正面を向き、見合いでもしているように固くなっていた。仙吉抜《ぬ》きで門倉がたみと出掛《でか》けたのは、これが初めてなのである。②そこだけ病院ではないようにみえた。

（向田邦子《むこうだくにこ》「あ・うん」より）

（注）ビロード＝織物の一つ。綿・絹・毛などで織り、こまかい毛をたて、なめらかでつやのある織り方。

(1) 〈心情の理由〉――線①「たみには、帯締め一本買ってきたことはなかった」とありますが、門倉がこのようにしたのはなぜですか。その理由をまとめた次の文の□に入る適切な言葉を、本文中から**Ⅰは六字**、**Ⅱは二字**でそれぞれ書き抜きなさい。

たみにだけは［Ⅰ］で、自分の［Ⅱ］を伝えようとしたから。

Ⅰ □□□□□□

Ⅱ □□

(2) 〈心情の理由〉――線②「そこだけ病院ではないようにみえた」について、次の問いに答えなさい。

① 「そこ」が指し示す内容として最も適切なものを次から選び、記号で答えなさい。

ア レントゲン室の中　イ 初めて出掛けた場所

ウ お見合いする場所　エ ふたりが坐っているところ

□

② たみにはこのようにみえたのはなぜですか。その理由をまとめた次の文の□に入る適切な言葉を、本文中から**Ⅰは三字**、**Ⅱは六字**でそれぞれ書き抜きなさい。

仙吉抜きで出掛けるのは［Ⅰ］なので、ふたりとも［Ⅱ］をしていたから。

Ⅰ □□□

Ⅱ □□□□□□

2 次の文章を読んで、あとの問いに答えましょう。

ふいに、疑問がわいた。うちはずっと、自分がリュウセイを守ってると思いこんでいたけど、ほんとうにそう？ ひょっとして守られてたのは、うちのほう？ いつのまにか自分より十五センチも背の高くなっているリュウセイを、ハルは不思議な生き物でも見るように見上げた。①なぜか見知らぬ男子がそこに立っている気がした。なのに、

「おれ、今から天降《あめふり》高原で合宿やし、一週間会えんぞ」

えらそうなリュウセイの物言いにカチンときた。

「それがどしたん」

「淋《さみ》しゅうても泣くなよ」

「アホ！ んなわけないやろ」

口では勇ましく返したものの、②Tシャツの胸をスーと風が吹《ふ》き抜《ぬ》けた。リュウセイのいない一週間、うちはどうやって過ごせばいいんだろう。部活もない。豊見《とよみ》さんももちろん合宿だから、寺子屋《てらこや》もない夏休み……。せっかく回復した自信がたちまちのうちにしぼんでいくのを感じた。黙《だま》ってしゃがんで足元の石を拾った。

「じゃな、ハル。達者でな」

川原の上の道を、ママチャリを立ちこぎしたリュウセイが遠ざかっていく。

「ばーか」

③その背に向かって手にした石を投げた。むろん届くはずもなく、むなしく石は川原の葦《あし》の間に姿を消した。

（八東澄子《やつかすみこ》「おたまじゃくしの降る町で」より）

---

(1) 〈理由〉――線①「なぜか見知らぬ男子がそこに立っている気がした」とありますが、ハルがこのように感じた理由として最も適切なものを次から選び、記号で答えなさい。

ア リュウセイの考えが理解できなかったから。
イ リュウセイと心が通い合わなくなったから。
ウ リュウセイに対する関心がなくなったから。
エ リュウセイが急に大人っぽく見えたから。

(2) 〈理由〉――線②「Tシャツの胸をスーと風が吹き抜けた」とありますが、ハルがこのように感じた理由をまとめた次の文の□に入る適切な言葉を、本文中からⅠは七字で書き抜きなさい。Ⅱは**三十一字**（記号を含《ふく》む）で探し、**初めの七字**を書き抜きなさい。

リュウセイに Ⅰ と言われたことで Ⅱ と、寂《さび》しさや不安を感じたから。

Ⅰ

Ⅱ

(3) 〈理由〉――線③「その背に向かって手にした石を投げた」とありますが、ハルがこのような行動をとった理由として最も適切なものを次から選び、記号で答えなさい。

ア 合宿に行くリュウセイを励《はげ》ましたかったから。
イ 自分をからかうリュウセイが憎《にく》らしかったから。
ウ リュウセイの言葉に腹が立ったから。
エ リュウセイに言い忘れたことがあったから。

ステップアップ

1 次の文章を読んで、あとの問いに答えましょう。

理央《りお》が、空をあおぎ見たときだった。

「ウーッ」

うなるような妙《みょう》な声が耳もとできこえた。

「モコ？ あっ！」

腕《うで》が強く引っぱられた。これまでにない荒々《あらあら》しさで、モコが暴れだしたのだ。あわてて理央が見ると、小さなトイプードルがすぐそばまで走ってきていた。モコはどうやらこの犬に反応しているらしい。

「モコ、だめ！」

だが、理央がさけんだ瞬間《しゅんかん》、モコは犬に飛びかかってしまった。理央は力いっぱいモコの脚《あし》ひもを引っ張った。

「きゃんきゃんきゃん」

「コロン！」

向こうから、飼い主らしきおばさんがあわててかけてくる。

①理央は右手の脚ひもを引っ張りながら、左手で犬をかばった。モコも犬もひどく興奮していて、②理央は激しく動く動物たちのあいだで、もみくちゃになった。リンリンとモコの鈴《すず》が激しく鳴りひびく。

「コロンちゃん」

理央がなんとかひもをたぐりよせて、モコを腕の中におさめたとき、おばさんも犬を抱《だ》きあげた。

「す、すみません」

③息を上げながら理央はあやまった。

「コロンちゃん、けがはなかった？」

おばさんは泣きださんばかりに、トイプードルの体をさすっている。ぱっと見たかぎりでは犬の体には外傷はないようだ。おばさんの腕のなかで、小さな体をプルプルとふるわせている。

「こわかったでしょう。こんなにふるえて、かわいそうに」

おばさんは、犬の体をあちこちなでまわすと、④じろりと理央をにらんだ。

「あなたそれ、何？」

化け物を見るような目でモコを見る。

「タカです」

理央は座《すわ》りこんだまま答えた。モコを強く抱きしめる。

「タカですって！」

おばさんはヒステリックにさけんだ。

「タカっていったら、肉食の猛禽《もうきん》じゃないの。そんな凶暴《きょうぼう》なものの飼っていいの？」

「はい、きちんと環境省《かんきょうしょう》に届けは出しています」

理央は立ちあがった。まだ羽は毛羽立っているものの、強く抱きしめたことでモコは少し落ちついたようだ。

「届けてればいいって話じゃないのよ。あなたまだ中学生でしょう？ しかも女の子でそんな凶暴なものの責任取れるの？」

「今、訓練中なんです。すみません」

理央は消え入りそうな声であやまった。認識《にんしき》が甘《あま》かったと素《す》直《なお》に思う。これまでモコは、他の動物に襲《おそ》いかかるようなことはいっさいなかった。龍安寺《りゅうあんじ》で飼っているスウにも無反応だし、町内でリードにつながれた散歩中の犬に出会うこともあるが、おとなしくしている。
こんなことになるなんて。
足ががくがくと音をたてはじめた。
（まはら三桃《みと》「鷹《たか》のように帆《ほ》をあげて」より）

（注）猛禽＝タカなどの、肉食で大きな鳥。

(1) 〈行動の理由〉――線①「理央は右手の脚ひもを引っ張りながら」とありますが、理央がこのようにした理由として最も適切なものを次から選び、記号で答えなさい。

ア 何よりもモコの体が心配で助けなければと思ったから。
イ 闘《たたか》うモコの脚ひもを外して加勢しようと思ったから。
ウ モコが逃《に》げてしまうのではないかと心配だったから。
エ モコを犬から引き離《はな》さなければいけないと思ったから。

(2) 〈理由〉――線②「リンリンとモコの鈴が激しく鳴りひびく」とありますが、モコの鈴が激しく鳴りひびいた理由として最も適切なものを次から選び、記号で答えなさい。

ア モコの体が激しく動いていたから。
イ モコの体から鈴が外れてしまったから。
ウ モコがトイプードルに激しく引っぱられたから。
エ 理央がモコの脚ひもを強く引っぱったから。

(3) 〈理由〉――線③「息を上げながら」とありますが、理央がこのような様子になったのはなぜですか。最も適切なものを次から選び、記号で答えなさい。

ア 犬の飼い主のおばさんにひどく怒《おこ》られると思ったから。
イ モコの暴れ方を見て、モコがおそろしくなったから。
ウ モコと犬のけんかを必死にやめさせようとしたから。
エ モコがようやく落ちついたのを見て安心したから。

(4) 〈行動の理由〉――線④「じろりと理央をにらんだ」とありますが、おばさんが理央をにらんだ理由として最も適切なものを次から選び、記号で答えなさい。

ア 中学生なのに猛禽を飼う理央をなまいきだと思ったから。
イ 飼い犬をひどい目にあわせた理央を許せなかったから。
ウ 理央が猛禽を飼う許可をとっているのかを疑ったから。
エ 犬にタカをけしかけた理央を憎《にく》らしく思ったから。

(5) 〈行動の理由〉おばさんに責められたことが原因で、深く反省している理央の様子が読み取れる表現を、本文中から**八字**で書き抜きなさい。

スマホでサクッと慣用句チェック≫P2

5 表現の特徴《とくちょう》を捉《とら》える

第2章 文学的文章

✔チェックしよう!

直接的でない表現に、大切な内容がかくされているよ!

表現の工夫《くふう》

☑ 本文中で描《えが》かれている場面を正確に捉えるためには、表現の工夫に着目し、その内容を正しく読み取ることが重要である。

・情景描写《びょうしゃ》に心情や場面展開を重ねて描く。

(例) 半年の間、口をきくこともできなかった友里《ゆり》と、ようやく仲直りすることができた。二人で見あげた空には、美しい夕焼けが広がっている。

・比喩《ひゆ》を使って人物の様子や情景を生き生きと描く。

(例) その少年は、リスのようにくりくりと大きな瞳《ひとみ》を輝《かがや》かせながら、私の手の中のカブトムシをいつまでも飽《あ》きることなく見つめていた。

他にも

・短い文を重ねたり、同じ言葉を繰《く》り返したりしてリズム感やスピード感を出す。

・言葉や文を途中《とちゅう》で切って余韻《よいん》を残す。　など

確認問題

1 〈表現〉次の文章を読んで、あとの問いに答えましょう。

白水歩《しろうずあゆみ》。そのりんとした横顔には、もはやあどけなさは感じられない。その手に握《にぎ》られた弓は、ぴったりと体に寄り添《そ》っている。長い稽古《けいこ》の時間が道具を体になじませたのだろう。一昨年《おととし》、初めてその試合を見たときは、歩の姿がはるかかなたに見えた。特別なステージみたいな場所で、歩は一人的に向かっていた。そのくせ、その姿はそびえたつほどに大きかった。その歩が今、目の前にいる。確かに大きな存在だけど、冷静にその大きさが確かめられる。

（まはら三桃《みと》「たまごを持つように」より）

問い ――線「弓は、ぴったりと体に寄り添っている」とありますが、この表現が示していることとして最も適切なものを次から選び、記号で答えなさい。

ア　歩の様子がどことなく心細そうに見えること。

イ　歩が弓道《きゅうどう》の稽古をあまりしていないということ。

ウ　歩が弓道の稽古をかなり積んでいるとわかること。

エ　歩が稽古をしすぎたせいで疲《つか》れて見えること。

直後の一文に注目!

□

2 〈表現〉次の文章を読んで、あとの問いに答えましょう。

教科書を読むときは必ずM君を指名した。廊下《ろうか》ですれ違《ちが》えば話しかけた。なんというか、気になるタイプの生徒だったのである。が、ある日の彼《かれ》の言葉には、がーんときた。

「先生は古典が好きかもしれないけど、オレは嫌《きら》いなの。押《お》しつけられると、よけい嫌いになんの。古典なんて知らなくても生きていけるんだから、ほっといて」

以来、私はあきらめの境地《きょうち》に達してしまった。

古典なんて知らなくても、か……とあの日の言葉を苦く思い出しながら、ふとM君のほうへ目をやると、なにやら熱心に鉛《えん》筆《ぴつ》を動かしている。へえっ、珍《めずら》しいこともあるもんだ、と覗《のぞ》き込むと、鉛筆の先は解答欄《らん》の余白の部分に文字を綴《つづ》っている。

七行に分けて記されていた短い言葉は、はっとするような鋭《するど》さに満ちていた。青春の痛み、なんて一言で片づけるにはもったいないような、迫力《はくりょく》とせつなさとが備わっている。私はびっくりして、思わず話しかけてしまった。

「へえー、いいわねえ、この詩。ほんと、すごくいい。M君が今考えたの？」

えっと彼は顔をあげ、私のほうをじーっと見る。なかばあきれたような目つきでもある。

（俵万智《たわらまち》「かすみ草のおねえさん」より）

問い 「わたし」は「M君」の言動をどのように受け止めていますか。本文中の表現からわかることとして最も適切なものを次から選び、記号で答えなさい。

ア ひどくショックを受けて立ち直れないでいる。

イ どうしても古典に興味をもってもらいたい。

ウ 強い衝撃《しょうげき》を受けてあきらめたり驚いたりしている。

3 〈表現〉次の文章を読んで、あとの問いに答えましょう。

なぜその年の冬がそんなに厳しかったのか、誰にも説明はできなかった。どの図鑑《ずかん》にも答えは載《の》っていなかったし、オパールはただ首を横に振《ふ》るばかりだった。一向に止む気配のない乾《かわ》いた季節風が下の町から硫黄《いおう》のにおいを運び、林を唸《うな》らせ、子どもたちの気分を沈《しず》ませた。一日だけうっすら雪が積もり、少なからず彼らを興奮させたが、庭中の雪をかき集めても、土混じりの黒ずんだ雪だるまがどうにか一個できただけで、それもすぐに溶《と》けてしまった。

このまま一生冬なのかもしれない、とさえ思いはじめた頃、ようやく風向きが変わり、春の小鳥が一羽、二羽、姿を現した。いつもの年より半月以上遅《おく》れてのことだった。

（小川洋子《おがわようこ》「琥珀のまたたき」より）

問い この文章の表現の特色として最も適切なものを次から選び、記号で答えなさい。

ア 冬の厳しさが続いた様子を人物の心情と共に伝えている。

イ 冬の厳しい人々の生活を雪だるまにたとえて説明している。

ウ 厳しい冬の様子を風向きの変化に合わせて説明している。

練習問題

1 次の文章を読んで、あとの問いに答えましょう。

リュウセイのいない一週間。ハルはただただ波間に漂《ただよ》うラッコのように寝流《ねなが》れた。リュウセイがいないからって、こんなにも気の抜《ぬ》けてしまう自分が不思議だったが、起きているのはご飯を食べるときと、夕方庭に水まきをするとき、それとダイニングキッチンの床《ゆか》でゴンザブロとごろごろするときだけ。あとは宿題を広げたと思えば寝、リビングのソファでマンガを読んでいるかと思えば爆睡《ばくすい》していた。

「①よう、こんだけ眠《ねむ》れるよねえ」

久美《くみ》とキワは、そんなハルにあきれて顔を見合わせるばかりだ。「部活はどうしたん?」と一度聞かれたから、「辞《や》めた」と答えると、「ふうん、なにかあったん?」「……まあ」とそれだけだった。

「夏休みが終わる頃《ころ》には背が伸《の》びて、きっと大女になってるぞ。楽しみやなあ」

稔《みのる》はのんきにそんなことを言って、ハルをからかった。

家からほとんど出なかった。世界が急に縮んだ気がした。ガチャガチャのカプセルに閉じこめられた気分。日に日に筋肉が落ちていくのが自分でもわかった。リュウセイは合宿で鍛《きた》えているというのに……。あせりに似た気持ちに②胸がちりちりする。

昼間寝たぶん、夜がつらかった。

——眠れない。

音楽も体が拒《こば》む。なにか体全体をおおっている硬《かた》いカラにはじき返される感じで、うるさいだけだ。本を読んでも、内容がちっとも頭に入ってこない。同じ行ばかりくり返し目で追っていた。

（八束澄子《やつかすみこ》「おたまじゃくしの降る町で」より）

(1) 〈表現〉——線①「よう、こんだけ眠れるよねえ」とありますが、眠ってばかりいるハルの様子がたとえられている言葉を含《ふく》む**一文**を本文中から探し、**初めの五字**を書き抜きなさい。

(2) 〈表現〉——線②「胸がちりちりする」とありますが、この表現が示すハルの様子として最も適切なものを次から選び、記号で答えなさい。

ア 周りの誰《だれ》とも関わりたくないと感じている。
イ 部活で経験したいやなできごとを思い出している。
ウ リュウセイに早く会いたいと思っている。
エ 何もしていない自分にいらだちを感じている。

(3) 〈表現〉本文中では、どのような場面が描《えが》かれていますか。それをまとめた次の文の□に入る適切な言葉を、本文中から**九字**で書き抜きなさい。

□ことにハルが戸惑《とまど》っている場面。

2 次の文章を読んで、あとの問いに答えましょう。

【「チロ」
私は彼《かれ》の名を呼んだ。彼は、まったく私の声など聞こえないというように、音を立てて食べ物を咀嚼《そしゃく》していた。私は、サンダルを履《は》いてポーチに降りた。そして、食事中の犬に近寄った。彼は、まだ、私の存在に気付いていない。チロ。私は、もう一度呼んだ。けれども、顔を上げようともしなかった。私は、チロの横にしゃがみ込《こ》み、彼の頭を撫《な》でた。私に頭を撫でられながら、彼は、ただ、ひたすらカレーライスを食べていた。ふと、彼は、食べるのを止《や》めて顔を上げた。そして、愛情を込めた私の視線と自分のそれを交錯《こうさく》させた。一瞬《いっしゅん》、沈黙《ちんもく》があった。私は、彼に微笑《ほほえ》もうとした。彼は、それに応《こた》えるかのように少し笑った、と思ったのだが、その瞬間、私の手は彼に噛《か》まれていた。私は驚《おどろ》いて、その場に尻餅《しりもち》をつき、慌《あわ》てて無理矢理、自分の手を彼の口から引き抜《ぬ》いた。私は、まさか、彼に噛まれるとは予想もしていなかったので、衝撃《しょうげき》を受けて、尻餅をついたまま後ずさりした。チロは、そんな私を一瞥《いちべつ》しただけで、再び、カレーライスを食べ始めた。】

私は、よろよろと起き上がり、噛まれた手を押《お》さえながら、家の中に入った。おそるおそる見ると手の平に二つ傷が出来ていて、血が流れていた。私は、唇《くちびる》を噛んで、庭のチロを見た。彼は、すっかりカレーライスをたいらげ、気持《きもち》良さそうに、あくびをしていた。私は次第《しだい》に噛まれた傷が痛み出すのを感じて、涙《なみだ》を浮《う》かべながら、彼を見ていた。なんだか、せつないような寂《さび》しいような気持に包まれていたが、犬を憎《にく》むような真似《まね》は出来なかった。私は、チロのためにも、このことは他言すまいと決意した。この家での彼の立場が、悪くなることを恐《おそ》れたのである。

私は傷口を洗い、何事もなかったかのように、他の人々の前で振《ふ》る舞《ま》った。誰《だれ》も、チロに噛まれた私の衝撃を知る者はいなかった。皆《みな》、私をいつもどおりだと思っていた。その晩の夕食までは。

（山田詠美《やまだえいみ》「晩年の子供」より）

(1) 〈表現〉【　】部分の表現上の工夫《くふう》として最も適切なものを次から選び、記号で答えなさい。

ア　チロがカレーライスに夢中になっている様子を、チロの心情にまで踏《ふ》み込み描写《びょうしゃ》している。
イ　チロに手を噛まれるまでの「私」とチロの行動を、順を追ってくわしく描写している。
ウ　チロが「私」に対して愛情を示す様子を、比喩《ひゆ》を用いて生き生きと描写している。
エ　チロにいたずらをしかける「私」の無邪気《むじゃき》な様子をチロとの対比によって描写している。

(2) 〈表現〉——線「その晩の夕食までは」とありますが、この表現からわかることとして最も適切なものを次から選び、記号で答えなさい。

ア　夕食の前に、「私」の秘密が知られたこと。
イ　夕食の後も、いつもと変わりはなかったこと。
ウ　夕食のときに、事態の変化があったこと。
エ　夕食が珍《めずら》しくカレーライスだったこと。

ステップアップ

1 次の文章を読んで、あとの問いに答えましょう。

朝、教室に入ると「おはよう」と大きく声を出して自分の机に向かう。ランドセルから教科書とノートを出して、机の中に入れる。ここまではこれまでと同じ。

その後、ガガッと大きな音を立てて椅子《いす》を引っ張り、サンペイ君の席の前まで持っていって、やおら話し始める。

「やあ、貸してもらった『火の鳥』、面白《おもしろ》かったよ。『漂流《ひょうりゅう》教室』はちょっと怖《こわ》くて、夜読めないかんじだけどね」

「ははは、ハカセ君は臆病《おくびょう》だからなあ。うちの土蔵に入っただけでびびってただろう」

などと会話を始める。

たったそれだけのことで、①教室の雰囲気《ふんいき》がざわっと波立った。視線が集中し、いつもだったら注目されるのは嫌《きら》いなのに、②きょうばかりは快感だった。

自分だけが知っているすごいことを、クラスのみんなに大発表する気分だ。③博士《ひろし》は前の夜なかなか眠《ねむ》りにつけず、それで遅《おそ》くまで『火の鳥・未来編』を読んでいた。するとますます興奮してしまって、明け方までまんじりともできなかった。

「ロケットを飛ばしてみたいなあ。あのロケット、ちゃんと飛ぶんだよね。すごいんだろうなあ」

「ハカセ君は自分のを作ればいいのだよ。火薬の調合なんて、注意してやればいいのだからね」

「サンペイ君はやっぱりいろいろ知っているんだなあ」

その時、またも教室がざわめいた。さっきよりもずっと張りつめた感じで、博士は鳥肌《とりはだ》が立った。

福《ふく》ちゃんが仏頂面《ぶっちょうづら》で教壇《きょうだん》を横切り、教室のちょうど真ん中あたりにある自分の席につくところだった。

④「福ちゃん——」博士は大声で呼び掛《か》けた。

ごくり、と唾《つば》を飲む音がまわりから聞こえた。

視線を上げた福ちゃんは、どうした、というふうに顎《あご》をしゃくった。

「本当だったよ。ドラキュラのベッドも、ロケットも、人の骨も、全部あったよ。サンペイ君はほら吹《ふ》きじゃないよ」

福ちゃんはぽかんと口を開いたまま、しばらく黙《だま》っていた。

「ああ、そうか」と福ちゃんはあっさりうなずいた。「ナカタが嘘《うそ》つきじゃないっていうなら、騙《だま》されてるんだべ。あいつのおじさんは近所でも評判の大嘘つきだべ」

福ちゃんは言葉の途中《とちゅう》で興味を失ったみたいに前を向いて、おおげさにため息をついてみせた。そんなことでおれに話しかけるな、と言っているようだ。

たっ、と音がして、気がついたらサンペイ君が机の上に立っていた。そのまま机の上を伝って飛ぶように走り、福ちゃんの背中に膝蹴《ひざげ》りを入れた。福ちゃんは「むはっ」と訳の分からない悲鳴をあげて、そのまま床《ゆか》に転がった。

「きみは言ってはならないことを言ったのだよ。ぼくはおじさんの名誉《めいよ》を汚《けが》すやつは許さないのだ」

「でも、嘘つきだべ。夢みたいなことばかり言うって、近所じゅうで言われてるべさ」

「きみには人を信じる心がないようだね。いいさ、そうやって、教室の中でだけいばっていればいい」

余裕綽々《よゆうしゃくしゃく》で席に戻《もど》ると、サンペイ君は窓の外を見た。勝ち誇《ほこ》った顔をしているかと思ったら、いつものようにぼんやり外を見ているだけだった。

（川端裕人《かわばたひろと》「今ここにいるぼくらは」より）

(1) 〈表現〉——線①「教室の雰囲気がざわっと波立った」とありますが、この表現から読み取れる内容をまとめた次の文の□に入る適切な言葉を、本文中から**Ⅰ**は**五字**、**Ⅱ**は**七字**で書き抜《ぬ》きなさい。

博士が［Ⅰ］と話をすることは、［Ⅱ］にとっては驚《おどろ》くべきことだったということ。

Ⅰ
Ⅱ

(2) 〈表現〉——線②「きょうばかりは快感だった」とありますが、博士がこの快感をさらに強く感じていることがわかる言葉を、本文中から**六字**で書き抜きなさい。

(3) 〈表現〉——線③「博士は前の夜なかなか眠りにつけず」とありますが、このような博士の様子を表す言葉を本文中から**二字**で書き抜きなさい。

(4) 〈表現〉——線④「ごくり、と唾を飲む音がまわりから聞こえた」とありますが、この表現が示すみんなの様子として最も適切なものを次から選び、記号で答えなさい。

ア 博士に対する福ちゃんの反応に注目している様子。
イ 博士に対する福ちゃんの反応に関心がない様子。
ウ 博士の話が本当かもしれないと思い始めている様子。
エ 博士の話が嘘であることに気づいた様子。

(5) 〈表現〉サンペイ君のことを全面的に信じている博士に対する福ちゃんの心情がわかる表現を、本文中から**一文**で**二つ**探し、それぞれ**初めの七字**を書き抜きなさい。

スマホでサクッと慣用句チェック≫P2

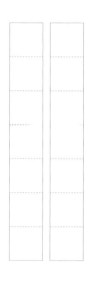

1

第3章 古文

動作主を捉《とら》える

チェックしよう！

動作主の捉え方

☑ 登場人物と、その人間関係を押《お》さえる。

☑ 動作から前にたどって読んでいく。

(例) なにがしとかや言ひし世捨人《よすてびと》（動作主）の、「この世のほだし持《もち》たらぬ身に、ただ空の名残《なごり》のみぞ惜《を》しき」と言ひしこそ、誠《まこと》にさも覚えぬべけれ。

（『徒然草《つれづれぐさ》』より）

「言ひし」の内容から前にたどると、動作主は「なにがしとかや言ひし世捨人」だとわかる。

動作主は、文をまたいで書かれている場合もあるので気をつけよう！

確認問題

1 〈動作主〉次の文章を読んで、あとの問いに答えましょう。

甲香《かひかう》は、ほら貝のやうなるが、ちひさくて、口のほどの細長にして出《い》でたる貝のふたなり。武蔵野国金沢《むさしのくにかねさわ》といふ浦《うら》に有りしを、所の者は、「へなだりと申し侍《はべ》る」とぞ言ひし。

（『徒然草《つれづれぐさ》』より）

【現代語訳】

甲香は、ほら貝のようであるが、（ほら貝より）小さくて、口のあたりが細長くなって突《つ》き出している貝のふたである。武蔵野国の金沢という海辺にあったのを、そこに住んでいる人は、「へなだりと申します」と言った。

問い ——線「言ひし」とありますが、誰《だれ》が言ったのですか。古文中から三字で書き抜《ぬ》きなさい。

誰が、何を言ったのかな？

考えよう

2 〈動作主〉次の文章を読んで、あとの問いに答えましょう。

今の内裏《だいり》作り出《いだ》されて、有職《いうそく》の人々に見せられけるに、いづくも難なしとて、すでに遷幸《せんかう》の日ちかくなりけるに、玄輝門院《げんきもんゐん》御覧《ごらん》じて、「閑院殿《かんゐんどの》の櫛形《くしがた》の穴は、まろく、ふちもなくてぞありし」と仰《おほ》せられける、いみじかりけり。是《これ》は葉《えふ》の入《い》りて、木にてふちをしたりければ、あやまりにてなほされにけり。

（「徒然草《つれづれぐさ》」より）

【現代語訳】

今の内裏を造られて、朝廷《ちょうてい》のしきたりをよく知っている人々にお見せになったところ、どこも悪い所がないということで、もう遷幸の日が近くなったのに、玄輝門院が（この造られた内裏を）ご覧になって、「閑院殿の櫛形の穴は、円形で、ふちもありませんでした」とおっしゃったのは、すばらしかった。（造られた内裏の）この穴は木の葉のふちのように切り込《こ》みが入って、木のふちをしてあったので、間違《まちが》いとして直された。

（注）内裏＝昔の天皇の住んだ御殿《ごてん》。
遷幸の日＝天皇が新しい場所に移る日。
閑院殿＝元の内裏。

問い ――線「仰せられける」とありますが、誰が「おっしゃった」のですか。古文中から**四字**で書き抜きなさい。

3 〈動作主〉次の文章を読んで、あとの問いに答えましょう。

今は昔、修行者のありけるが、津国《つのくに》まで行きたりけるに日暮れて、竜泉寺《りゅうせんじ》とて大きなる寺の古《ふ》りたるが人もなきありけり。これは人宿らぬ所といへども、そのあたりにまた宿るべき所なかりければ、いかがせんと思ひて、笈《おひ》打ちおろして内に入りてけり。

（「宇治拾遺物語《うじしゅういものがたり》」より）

【現代語訳】

今となっては昔のことだが、修行者がいたが、津の国まで行ったところ日が暮れて、竜泉寺という大きな寺の古くなったのがあったが人もいないであった。これは人の泊まらない所とはいっても、その辺りに他に泊まることのできる所のなかったので、どうしようもないと思って、笈を下ろして（寺の）中に入った。

（注）笈＝修行者などが、身の回りの物を入れて背負うための道具。

問い ――線「内に入りてけり」とありますが、誰の動作ですか。古文中から**三字**で書き抜きなさい。

練習問題

1 次の文章を読んで、あとの問いに答えましょう。

今は昔、唐《もろこし》に孔子《こうし》、林の中の岡だちたるやうなる所にて逍遥《しょうよう》し給ふ。我は琴《こと》を弾《ひ》き、弟子どもは書《ふみ》を読む。ここに、舟《ふね》に乗りたる叟《そう》の帽子《ぼうし》したるが、①舟を葦《あし》につなぎて陸にのぼり、杖《つえ》をつきて、琴の調べの終《おわ》るを聞く。人々あやしき者かなと②思へり。この翁《おきな》、孔子の弟子どもを招くに、一人の弟子招かれて寄りぬ。翁曰《いわ》く、「この琴弾き給ふはそ。もし国の王か」と問ふ。「さもあらず」と③いふ。「さは国の大臣か」、「それにもあらず」。

（「宇治拾遺物語《うじしゅういものがたり》」より）

（注）
唐＝中国。
孔子＝中国の思想家。
岡だちたるやうなる＝丘のようになっている。
逍遥し給ふ＝散歩なさっている。
叟＝老人。
調べ＝演奏。
寄りぬ＝近寄った。
もし＝もしや。
さもあらず＝そうではありません。
さは＝それでは。

(1) 〈動作主〉――線①「舟を葦につなぎて陸にのぼり」とありますが、この動作主として最も適切なものを次から選び、記号で答えなさい。

ア 孔子
イ 我
ウ 弟子ども
エ 叟

(2) 〈動作主〉――線②「思へり」とありますが、誰の動作ですか。古文中から**二字**で書き抜きなさい。

(3) 〈動作主〉――線③「いふ」とありますが、誰の動作ですか。古文中から**五字**で書き抜きなさい。

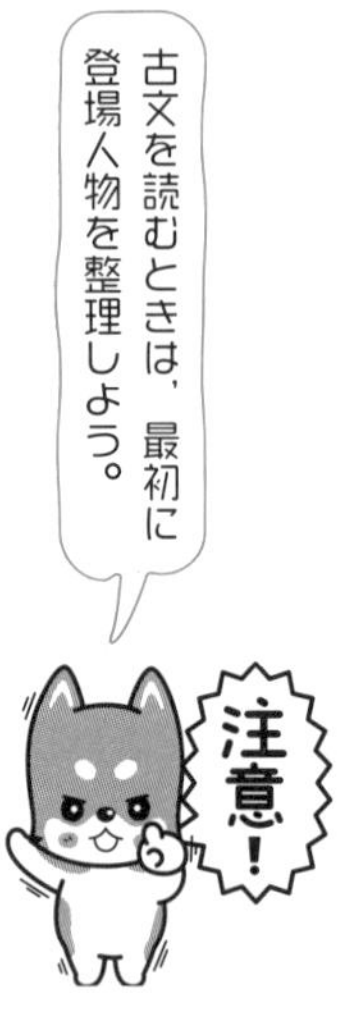
古文を読むときは、最初に登場人物を整理しよう。
注意！

ステップアップ

1 次の文章を読んで、あとの問いに答えましょう。

これも昔、天竺《てんぢく》に、身の色は五色《ごしき》にて、角《つの》の色は白き鹿《しか》一つありけり。深山《みやま》にのみ①住みて、人に知られず。その山のほとりに大きなる川あり。その山にまた烏《からす》あり。このかせぎを②友として過《すご》す。

ある時この川に男一人流れて、すでに死なんとす。「我を人助けよ」と③叫《さけ》ぶに、このかせぎ、この叫ぶ声を聞きて、悲しみに堪《た》へずして、川を泳ぎ寄りて、この男を④助けてけり。

（「宇治拾遺物語《うじしゅういものがたり》」より）

（注）天竺＝インドの古い言い方。
深山＝深い山奥《やまおく》。
かせぎ＝鹿の古い言い方。
すでに死なんとす＝まさに死にそうになっていた。
悲しみに堪えずして＝かわいそうでたまらず。

(1) 〈動作主〉――線①「住みて」とありますが、誰《だれ》が住んでいたのですか。それをまとめた次の文の［　］に入る適切な言葉を、古文中からⅠは**二字**、Ⅱ・Ⅲはそれぞれ**一字**で書き抜《ぬ》きなさい。

体の色が［Ⅰ］で、白い［Ⅱ］をもった［Ⅲ］。

Ⅰ　Ⅱ　Ⅲ

(2) 〈動作主〉――線②「友として過す」とありますが、誰が誰を友として過していたのですか。古文中からそれぞれ**一語**で書き抜きなさい。

誰が　　誰を

(3) 〈動作主〉――線③「叫ぶ」とありますが、誰が叫んだのですか。最も適切なものを次から選び、記号で答えなさい。

ア　山に住む烏
イ　深山に住む男
ウ　おぼれている男
エ　川を泳ぐ鹿

(4) 〈動作主〉――線④「助けてけり」とありますが、誰の動作ですか。古文中から**一語**で書き抜きなさい。

スマホでサクッと慣用句チェック≫P2

現代語訳を考える

✔チェックしよう！

現代語訳の考え方

☑ 古文を単語に区切り、一単語ずつ現代の言葉に置き換《か》える。「〜が」「〜を」など、助詞の省略に気をつける。

(例) その｜山｜の｜ほとり｜に｜大きなる｜川｜あり。
　　その　山　の　そば　に　大きな　川が　ある。

☑ 現代では使われない古文独特の言葉に注意する。

いと＝たいへん　げに＝本当に
むくつけし＝恐《おそ》ろしい　覚《おぼ》ゆ＝思われる
あまた＝たくさん　つゆ＝少しも　など

☑ 現代とは意味の異《こと》なる古今異義語《いぎご》に注意する。

うつくし＝かわいい　やさし＝恥《は》ずかしい
はかなし＝つまらない　なかなか＝かえって
をかし＝趣《おもむき》がある、興味深い　など

確認問題

1 〈現代語訳〉次の文章を読んで、あとの問いに答えましょう。

不動の呪《じゅ》を唱へてゐたるに、「夜中ばかりにやなりぬらん」と思ふ程《ほど》に、人々の声あまたして来る音すなり。見れば、手ごとに火をともして、百人ばかりこの堂の内に来集《つど》ひたり。

（「宇治拾遺物語《うじしゅういものがたり》」より）

【現代語訳】
不動の呪を唱えていたところ、「夜中ほどになっただろうか」と思ったところに、［　　　］。見ると、手に手に火をともして、百人ほどがこのお堂に来て集まった。

(注) 不動の呪＝不動明王にまもってもらうための呪文。

問い ――線「人々の声あまたして来る音すなり」の現代語訳として最も適切なものを次から選び、記号で答えなさい。

ア 誰の声もまったく聞こえないまま近づいてくる
イ 人々の声がすぐそばで聞こえてくるようになる
ウ 人間の声が少しだけ聞こえてくるようになる
エ 人々の声がたくさんしてやって来る物音がする

［　　］

2 〈現代語訳〉次の文章を読んで、あとの問いに答えましょう。

和歌こそ、なほをかしきものなれ。あやしのしづ・山がつのしわざも、言ひ出でつればおもしろく、おそろしき猪《い》のししも、「ふす猪の床《とこ》」と言へば、やさしくなりぬ。

（「徒然草《つれづれぐさ》」より）

【現代語訳】

和歌こそは、［　　］。身分の低い者・木こりのような賤《いや》しい者がやることとも、和歌に詠めば情緒《じょうちょ》があり、おそろしい猪《いのしし》も、「ふす猪の床」と言えば、優雅《ゆうが》になる。

（注）ふす猪の床＝イノシシが茅・葦・枯草などを敷いて寝ている所。

問い ――線「なほをかしきものなれ」とありますが、この現代語訳として最も適切なものを次から選び、記号で答えなさい。

ア 何度も困ってしまった
イ やはり趣深いものである
ウ なぜか笑ってしまった
エ とても滑稽《こっけい》なものだった

「をかし」はどんな意味の言葉かな？

3 〈現代語訳〉次の文章を読んで、あとの問いに答えましょう。

年月へてもつゆ忘るるにはあらねど、去る者は日々に疎《うと》しと言へることなれば、さはいへど、その際《きは》ばかりは覚えぬにや、よしなしごと言ひてうちも笑ひぬ。

（「徒然草《つれづれぐさ》」より）

【現代語訳】

［　　］、亡《な》くなった者は日に日に縁遠《えんどお》いと言われることであるから、そうは言っても、（亡くなった）その時ほどには思い出されないのであろうか、とりとめもないことを言って、ふと笑ってしまう。

問い ――線「年月へてもつゆ忘るるにはあらねど」とありますが、この現代語訳として最も適切なものを次から選び、記号で答えなさい。

ア 年月がたてば自然に忘れるものではあるけれど
イ 年月がたってつゆのように消えて忘れられるので
ウ 年月がたっても少しも忘れるものではないけれど
エ 年月が過ぎたせいで忘れられるのはいやなので

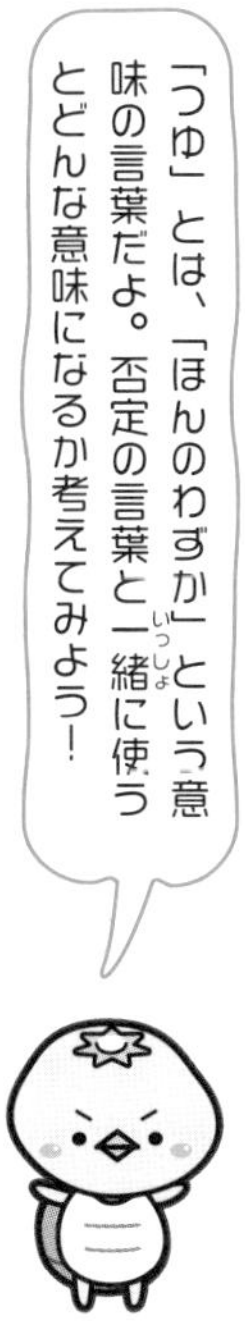
「つゆ」とは、「ほんのわずか」という意味の言葉だよ。否定の言葉と一緒《いっしょ》に使うとどんな意味になるか考えてみよう！

練習問題

1 次の文章を読んで、あとの問いに答えましょう。

四月の①つごもり、五月のついたちのころほひ、橘《たちばな》の葉の濃《こ》く青きに、花のいと白う咲《さ》きたるが、雨うち降りたる②つとめてなどは、世になう心あるさまにをかし。花の中より黄金《こがね》の玉かと見えて、いみじうあざやかに見えたるなど、朝露《あさつゆ》に濡《ぬ》れたる③あさぼらけの桜《さくら》におとらず。郭公《ほととぎす》のよすがとさへ思へばにや、④なほさらに言ふべうもあらず。

（注）ころほひ＝頃《ころ》。
世になう＝世に比べるものがないくらい。
よすが＝寄ってくるところ。

（「枕草子《まくらのそうし》」より）

(1) 〈現代語訳〉――線①「つごもり」、②「つとめて」、③「あさぼらけ」とありますが、この現代語訳として最も適切なものを次から選び、それぞれ記号で答えなさい。

① 「つごもり」

ア ひと月の初め　イ ひと月の半ば
ウ ひと月の終わり　エ ひと月を通して

② 「つとめて」

ア 早朝　イ 昼間
ウ 夕方　エ 真夜中

③ 「あさぼらけ」

ア 夜が明ける頃　イ 朝日がのぼりきった頃
ウ 夕方のまだ明るい頃　エ 日が完全に沈《しず》んだ頃

(2) 〈古語〉次の意味に合う言葉を、それぞれ古文中から書き抜《ぬ》きなさい。

① 「趣《おもむき》がある様子で面白《おもしろ》い」（九字）

② 「たいへんくっきりと」（九字）

(3) 〈現代語訳〉――線④「なほさらに言ふべうもあらず」とありますが、この現代語訳として最も適切なものを次から選び、記号で答えなさい。

ア やはりあらためて言うこともない
イ 言わなければならないことはない
ウ 取り立てて言いたいことはない
エ もうこれ以上何も言いたくはない

2 次の文章を読んで、あとの問いに答えましょう。

家の作りやうは、夏をむねとすべし。①冬はいかなる所にも住まる。暑き比《ころ》わろき住居《すまゐ》は、堪《た》へがたき事なり。深き水は涼《すず》しげなし。浅くて流れたる、②遥《はる》かにすずし。こまかなる物を見るに、遣戸《やりど》は蔀《しとみ》の間よりも明《あか》し。天井《てんじやう》の高きは、冬寒く、灯《ともしび》暗し。③造作《ざうさく》は、用なき所をつくりたる、見るも面白《おもしろ》く、万《よろづ》の用にも立ちてよしとぞ、人の定めあひ侍《はべ》りし。

（「徒然草《つれづれぐさ》」より）

（注）むね＝一番に考えること。
遣戸＝左右に開閉する戸。
蔀＝日差しや風雨を防ぐための、上下開閉の戸。
造作＝家の造り。
人の定めあひ侍りし＝人々が論じていることだ。

(1)〈現代語訳〉——線①「冬はいかなる所にも住まる」とありますが、この現代語訳として最も適切なものを次から選び、記号で答えなさい。

ア 冬はどのように住んでも同じことである
イ 冬は良い住居にしか住むことができない
ウ 冬はどんな土地でも住みたくない
エ 冬はどのような住居にでも住める

(2)〈内容理解〉——線②「遥かにすずし」とありますが、どういうことですか。それをまとめた次の文の□に入る適切な言葉を、古文中からⅠは**五字**で書き抜きなさい。Ⅱは**二字**で探し、**現代の表現に直して**書きなさい。

［Ⅰ］ている水のほうが、［Ⅱ］水よりもずっとすずしく感じられるということ。

Ⅰ
Ⅱ

(3)〈現代語訳〉——線③「造作は、用なき所をつくりたる、見るも面白く、万の用にも立ちてよし」とありますが、この現代語訳として最も適切なものを次から選び、記号で答えなさい。

ア 家の造りは、役に立たないものを置いておく場所を造ると、見た目もきれいになり、なにかと便利でよい
イ 家の造りは、客の訪れない場所を造ると、見た目が上品であるし、いろいろな用事を済ませられるのでよい
ウ 家の造りは、必要のない場所を造ってあるのが、見た目にも趣があり、さまざまな用途《ようと》に役立つのでよい
エ 家の造りは、使い道のない場所を造ると、見た目は面白いが、結局何の役にも立たず無駄《むだ》に終わってしまう

ステップアップ

1 次の文章を読んで、あとの問いに答えましょう。

高名《こうみょう》の木登りといひしをのこ、人をおきてて、高き木に登《のぼ》せて梢《こずえ》を切らせしに、①いと危ふく見えしほどは言ふ事もなくて、おるるときに長《たけ》ばかりになりて、「あやまちすな。心しておりよ」と言葉をかけ侍《はべ》りしを、「かばかりになりては、飛びおるるともおりなん。如何《いか》にかく言ふぞ」と申し侍りしかば、「その事に候《そうろう》。目くるめき、枝危ふきほどは、おのれが恐《おそ》れ侍れば申さず。あやまちは、②やすき所になりて、必ず仕《つか》る事に候」といふ。

あやしき下臈《げろう》なれども、聖人の戒《いまし》めにかなへり。鞠《まり》も、難き所を蹴出《けりだ》して後、安く思へば、必ず落つと侍るやらん。

（「徒然草《つれづれぐさ》」より）

（注）高名＝名高い。
をのこ＝男。
長＝軒の高さ。
かばかり＝これくらい。
おりなん＝下りられるだろう。
如何にかく言ふぞ＝どうしてこのように言うのか。
申し侍りしかば＝申しましたら。
その事に候＝その事でございます。
目くるめき＝目がくらむほど高く。
あやまち＝失敗。
仕る事に候＝起こることでございます。
あやしき下臈＝身分の低い下賤な者。
かなへり＝かなっている。
鞠＝蹴鞠《けまり》。
難き所＝難しい所。
侍るやらん＝申すそうでございます。

---

(1) 〈現代語訳〉――線①「いと危ふく見えしほどは」とありますが、この現代語訳として最も適切なものを次から選び、記号で答えなさい。

ア とても危険なところなので
イ とても危なく見えるうちは
ウ とても危険な高さのはずで
エ とても危ない切り方をして

(2) 〈現代語訳〉――線②「やすき所になりて」とありますが、この現代語訳として最も適切なものを次から選び、記号で答えなさい。

ア 安心してしまって
イ 安全ではないので
ウ 安全な所になって
エ 安心できない所で

(3) 〈古語〉次の意味に合う言葉を、それぞれ古文中から書き抜きなさい。

① 「指図して」**（四字）**

② 「しくじるな」（六字）

③ 「余裕だと思ったら」（五字）

2 次の文章を読んで、あとの問いに答えましょう。

名利《みやうり》に使はれて、①しづかなるいとまなく、一生を苦しむるこそ愚《おろ》かなれ。②財《たから》多ければ身を守るに貧《まど》し。害を買ひ、累《わづらひ》を招くなかだちなり。身の後《のち》には金《こがね》をして北斗《ほくと》をささふとも、③人のためにぞわづらはるべき。愚かなる人の目をよろこばしむる楽しみ、またあぢきなし。大きなる車、肥えたる馬、金玉のかざりも、心あらん人はうたて愚かなりとぞ見るべき。金は山に捨て、玉は淵《ふち》に投ぐべし。利に惑《まど》ふは、すぐれて愚かなる人なり。

（「徒然草《つれづれぐさ》」より）

（注）名利に使はれて＝名誉《めいよ》や利益にあやつられて。
財＝財産。　貧し＝不十分である。　累＝苦労。

身の後には金をして北斗をささふとも＝死んだ後に積んで北斗七星を支えるほどの財産を残しても。

あぢきなし＝むなしいものである。

心あらん人＝道理をわきまえているような人。

うたて＝情けなく。

(1) 〈現代語訳〉――線①「しづかなるいとまなく」とありますが、この現代語訳として最も適切なものを次から選び、記号で答えなさい。
ア　心がおだやかでいられる時間もなく
イ　心がおだやかなのは退屈《たいくつ》で
ウ　心がおだやかな時間がたくさんあり
エ　心がおだやかな時間にあこがれて

(2) 〈内容理解〉――線②「財多ければ身を守るに貧し」とありますが、財が多いとどうなるのですか。最も適切なものを次から選び、記号で答えなさい。
ア　害を避《さ》け苦労を遠ざける。
イ　害を受け苦労を招く。
ウ　心配事が少なくなる。
エ　身を守るようになる。

(3) 〈内容理解〉――線③「人のためにぞわづらはるべき」とありますが、どういうことですか。最も適切なものを次から選び、記号で答えなさい。
ア　残された人を思い悩《なや》ませるだろうということ。
イ　残された人がすべて使ってしまうということ。
ウ　残された人には気づいてもらえないということ。
エ　残された人のためには使われないということ。

スマホでサクッと慣用句チェック≫P2

主題を読み取る

✔チェックしよう!

主題の読み取り方

□ 主題とは
・文章を通して伝えられている教訓
・筆者が「よい」「悪い」と思っている事がらや趣《おもむき》を感じている事がら　など

□ 主題の読み取り
・文章の「おち」に着目する。
・筆者のものの見方、考え方を読み取る。
・善悪の区別や正義、礼節など、人としてのあり方について述べている内容に着目する。

(例) 人にあなづらるるもの 築地《ついぢ》のくづれ。あまり心よしと人に知られぬる人。（「枕草子《まくらのそうし》」より）

【訳】人にばかにされ見下げられるもの（主題）は土塀《どべい》のくずれ。あまりに気立てがいいと他人に知られている人。

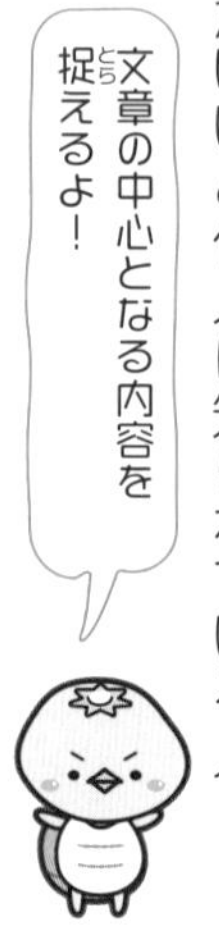
文章の中心となる内容を捉《とら》えるよ!

確認問題

1 〈主題〉次の文章を読んで、あとの問いに答えましょう。

手のわろき人の、はばからず文《ふみ》書きちらすはよし。みぐるしとて、人に書かするはうるさし。

（「徒然草《つれづれぐさ》」より）

（注）はばからず＝遠慮《えんりょ》せず。

問い この文章の主題として最も適切なものを次から選び、記号で答えなさい。

ア 字の上手下手より、自分で手紙を書くことが大切だ。
イ 字の下手な人は、人に手紙を書いてもらうのがよい。
ウ うるさい人からの手紙は、開いて読みたくもない。
エ むやみやたらに、下手な手紙を書くべきではない。

[　　]

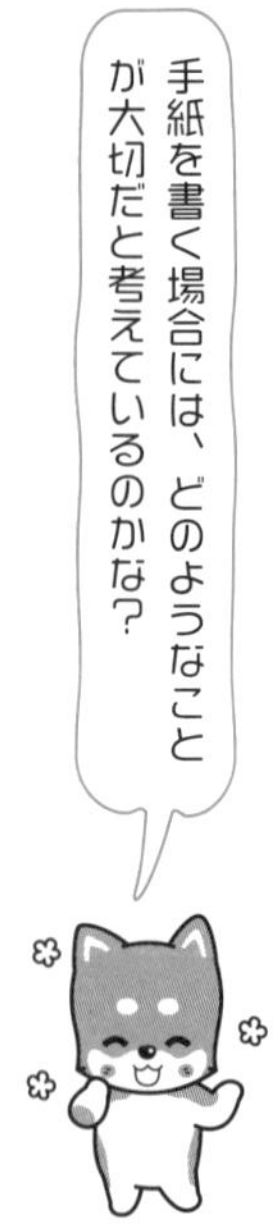
手紙を書く場合には、どのようなことが大切だと考えているのかな?

2 〈主題〉次の文章を読んで、あとの問いに答えましょう。

人ごとに、我が身にうとき事をのみぞ好める。法師は兵《つはもの》の道を立て、夷《えびす》は弓ひく術《すべ》知らず、仏法知りたる気色《きそく》し、連歌し、管絃《くわんげん》を嗜《たしな》みあへり。されど、おろかなるおのれが道よりは、なほ人に思ひ侮《あなど》られぬべし。

（「徒然草《つれづれぐさ》」より）

（注）うとき事＝縁《えん》遠いこと。
兵《つはもの》の道＝武士の道。
夷＝荒々《あらあら》しい武士。
知りたる気色し＝知っているふりをし。
管絃を嗜みあへり＝音楽をたしなみあったりしている。
なほ人に思ひ侮られぬべし＝人からいっそう軽蔑《けいべつ》されるに違《ちが》いない。

問い この文章の主題として最も適切なものを次から選び、記号で答えなさい。

ア 自分の専門のことを上達させるには、専門外のことをやってみるのがよい。
イ 誰《だれ》もが自分の専門ではないことに励《はげ》んでいるのは好ましくないことだ。
ウ 自分にとって何が専門かを見きわめるのは、容易なことではない。
エ 専門家は、専門ではない人の意見にもっと耳を傾《かたむ》けるべきである。

3 〈主題〉次の文章を読んで、あとの問いに答えましょう。

出家随分《ずいぶん》の功徳《くどく》とは、今に始まりたる事にはあらねども、まして若く盛りならん人の、よく道心おこして、随分《ずいぶん》にせん者の功徳、これにていよいよ推し量られたり。

（「徒然草《つれづれぐさ》」より）

（注）出家随分の功徳とは＝仏の道に出家するとその人にふさわしいご利益《りやく》があるということは。
盛りならん＝血気盛んな。
道心＝信仰心。
いよいよ推し量られたり＝ますます確かなものと推量されたのであった。

問い この文章の主題として最も適切なものを次から選び、記号で答えなさい。

ア 誰でも若いうちからどんどん出家すべきだろう。
イ 今から出家しても若くなければ意味がないだろう。
ウ 誰かに誘《さそ》われなくても出家しなければならない。
エ 人それぞれにふさわしい出家の仕方があるだろう。

「出家」についてどんなことを言っているのかな？

練習問題

1 次の文章を読んで、あとの問いに答えましょう。

雪のおもしろう降りたりし朝《あした》、人のがり言ふべき事ありて、①文《ふみ》をやるとて、雪のことなにとも言はざりし返事《かへりごと》に、「この雪いかが見ると一筆《ひとふで》のたまはせぬほどの、ひがひがしからん人の仰《おほ》せらるる事、②聞き入るべきかは。返々《かへすがへす》口をしき御心《みこころ》なり」と言ひたりしこそ、をかしかりしか。

今はなき人なれば、かばかりの事もわすれがたし。

（「徒然草《つれづれぐさ》」より）

（注）人のがり＝ある人のところへ。
返事＝返事の手紙。
のたまはせぬ＝お書きにならない。
ひがひがしからん人＝ひねくれた人。
かばかりの事＝ちょっとした事。

(1) 〈内容理解〉——線①「文をやる」とありますが、なぜ手紙をやったのですか。最も適切なものを次から選び、記号で答えなさい。

ア その人に会いたかったから。
イ その人のことが忘れられなかったから。
ウ その人に言うべきことがあったから。
エ その人から手紙をもらっていたから。

(2) 〈内容理解〉——線②「聞き入るべきかは」とありますが、手紙をもらった人はどのようなことを言っているのですか。それをまとめた次の文の□に入る適切な言葉を、古文中からⅠは一字、Ⅱは九字で書き抜《ぬ》きなさい。

こんなに趣《おもむき》のある様子で Ⅰ が降っているのに、そのことについて何も書かない「 Ⅱ 」のおっしゃることは聞きたくないということ。

Ⅰ

Ⅱ

(3) 〈主題〉この文章の主題として最も適切なものを次から選び、記号で答えなさい。

ア すでに亡《な》くなった風流な知人へのなつかしみ。
イ 風流心が通じなかった人への筆者の失望。
ウ 手紙をやりとりする人がいない筆者の寂《さび》しさ。
エ 手紙で恥《はじ》をかいた筆者の苦々しい思い出。

ポイント

「今はなき人」に対する筆者の思いを捉《とら》えよう。

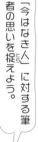

2 次の文章を読んで、あとの問いに答えましょう。

これも今は昔、田舎《ゐなか》の児《ちご》の比叡《ひえ》の山へ登りたりけるが、桜《さくら》のめでたく咲《さ》きたりけるに、風のはげしく吹《ふ》きけるを見て、この児さめざめと泣きけるを見て、①僧《そう》のやはら寄りて、「などかうは泣かせ給《たま》ふぞ。この花の散るを惜《を》しう覚えさせ給ふか。桜ははかなきものにて、かく程なくうつろひ候《さぶら》ふなり。されどもさのみぞ候ふ」と慰《なぐさ》めければ、「桜の散らんはあながちにいかがせん、苦しからず。我が父の作りたる麦の花の散りて実《み》の入らざらん思ふがわびしき」といひて、さくりあげて、よよと泣きければ、②うたてしやな。

（「宇治拾遺物語《うじしゅういものがたり》」より）

（注）めでたく＝みごとに。
やはら寄りて＝静かに歩み寄って。

などかうは＝どうしてそのように。

かく程なくうつろひ候ふなり＝こうしてすぐに散ってしまうのです。

されどもさのみぞ候ふ＝でもそれだけのことです。

あながちにいかがせん、苦しからず＝決してどうにもできないので、気にしていません。

実の入らざらん＝実が入らないだろう。

---

(1) 〈理由〉——線①「僧のやはら寄りて」とありますが、このとき僧は児がどういう理由で泣いていると思っていましたか。最も適切なものを次から選び、記号で答えなさい。

ア 桜の花が散るのが悲しかったから。
イ 桜の花があまり咲いていなかったから。
ウ 比叡の山にいるのが恐《おそ》ろしかったから。
エ 父の作った麦に実が入らないと思ったから。

(2) 〈様子〉——線②「うたてしやな」とありますが、このときの僧の様子として最も適切なものを次から選び、記号で答えなさい。

ア 児を慰めることは自分にはできないとあきらめた。
イ 児の様子が考えていたとおりだったので満足した。
ウ 児の泣く理由が花を愛《め》でる心ではなくがっかりした。
エ 児の言うことが論理的で感心し自分の考えを改めた。

(3) 〈主題〉この文章の主題として最も適切なものを次から選び、記号で答えなさい。

ア 児の考えを改めさせた僧の教えのありがたさ。
イ 僧が児によって教えさとされる逆転の面白《おもしろ》さ。
ウ 児と僧が同じ視点で花を見ていることの不思議さ。
エ 児と僧の視点が異なることで生まれる滑稽《こっけい》さ。

ステップアップ

1 次の文章を読んで、あとの問いに答えましょう。

或人《あるひと》、弓射る事を習ふに、①もろ矢をたばさみて的に向ふ。師の言はく、「初心の人、二つの矢を持つ事なかれ。後の矢を頼《たの》みて、はじめの矢に②等閑《なおざり》の心あり。毎度ただ得失なく、この一矢《ひとや》に定むべしと思へ」と言ふ。わづかに二つの矢、③師の前にてひとつをおろかにせんと思はんや。懈怠《けだい》の心、みづから知らずといへども、師これを知る。この戒《いまし》め、万事にわたるべし。

道を学する人、④夕《ゆうべ》には朝《あした》あらん事を思ひ、朝には夕あらんことを思ひて、⑤かさねてねんごろに修《しゅ》せんことを期《ご》す。⑥況《いわん》や一刹那《せつな》のうちにおいて、懈怠《けだい》の心ある事を知らんや。なんぞ、ただ今の一念において、直《ただ》ちにする事の甚《はなは》だ難き。

（「徒然草《つれづれぐさ》」より）

（注）初心の人＝初心者。
持つ事なかれ＝持ってはならない。

頼みて＝頼りにして。

得失なく＝当たるか外れるか（を考える）のではなく。

定むべし＝決着をつけよう。

思はんや＝思うだろうか（思うはずがない）。

懈怠の心＝怠《なま》ける心。

万事にわたるべし＝全てのことにあてはまる。

道を学する＝専門の道（特に仏の道）を修行する。

かさねてねんごろに修せんことを期す＝もう一度念を入れて修行しようということを予定する。

況や一刹那のうちにおいて＝ましてや一瞬のあいだに。

知らんや＝知ることができるだろうか（知ることはできない）。

なんぞ＝どうして。

---

(1) 〈現代語訳〉――線①「もろ矢をたばさみて」とありますが、どういうことですか。最も適切なものを次から選び、記号で答えなさい。

ア 素手で矢を手に挟《はさ》んで持ち
イ 借りた矢を手に挟んで持ち
ウ 二本の矢を手に挟んで持ち
エ 奪った矢を手に挟んで持ち

(2) 〈現代語訳〉――線②「等閑の心」とありますが、この現代語訳として最も適切なものを次から選び、記号で答えなさい。

ア いい加減な心
イ 平等の気持ち
ウ 落ち着いた心
エ 楽しむ気持ち

(3) 〈内容理解〉――線③「師の前にてひとつをおろかにせんと思はんや」とありますが、それはどういうことですか。それをまとめた次の文の□に入る適切な言葉を、古文中からそれぞれ**四字**で探し、**現代語の表現に直して**書きなさい。

師匠の前では［Ⅰ］だけで［Ⅱ］と思うはずだ、ということ。

Ⅰ □

Ⅱ □

(4) 〈内容理解〉――線④「夕には朝あらん事を思ひ」とありますが、その理由として最も適切なものを次から選び、記号で答えなさい。

ア　誰にとっても夜が明ければ朝がくるものだから。
イ　夕方には明日がくるようにと願う人が多いから。
ウ　朝になれば夕方もくるだろうと思うものだから。
エ　修行中の人は自分の怠け心に気が付かないから。

□

(5) 〈内容理解〉――線⑤「かさねてねんごろに修せんことを期す」とありますが、その理由として最も適切なものを次から選び、記号で答えなさい。

ア　朝でも時間が経過すれば夕方になってしまうものだから。
イ　夕方には次の朝が、朝には夕方がくるはずだと思うから。
ウ　大切にしようとしても時間は瞬時に過ぎ去ってしまうから。
エ　修行中の人は何度も念を入れて修行をしようとするから。

□

(6) 〈内容理解〉――線⑥「況や一刹那のうちにおいて、懈怠の心ある事を知らんや」とありますが、この表現の説明として最も適切なものを次から選び、記号で答えなさい。

ア　わずかな時間でも怠ける心がわかると説明している。
イ　誰にでも怠ける心はあるはずであると説明している。
ウ　誰にでも当てはまることを具体的に説明している。
エ　弓の修行から得たことを一般化《いっぱん》して説明している。

□

(7) 〈主題〉この文章の主題として最も適切なものを次から選び、記号で答えなさい。

ア　今すぐに何かを実行するということはとても難しい。
イ　弓を正確に射るということは誰にとっても難しい。
ウ　初心者は師匠の言うことを何でも受け入れるべきだ。
エ　人に怠け心があるということは仕方のないことだ。

□

スマホでサクッと慣用句チェック≫P2

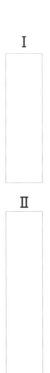

初版
第 1 刷　2021年 7 月 1 日　発行

●編 者
数研出版編集部
●カバー・表紙デザイン
株式会社クラップス

発行者　星野 泰也

ISBN978-4-410-15542-0

新課程 とにかく基礎 中学国語

発行所　数研出版株式会社
〒101-0052 東京都千代田区神田小川町 2 丁目 3 番地 3
〔振替〕00140-4-118431
〒604-0861 京都市中京区烏丸通竹屋町上る大倉町205番地
〔電話〕代表（075）231-0161
ホームページ　https://www.chart.co.jp
印刷　河北印刷株式会社
乱丁本・落丁本はお取り替えいたします　210601

第1章 説明的文章

1 空欄《くうらん》に入る接続語を考える

確認問題 ―― 4ページ

1 ア　2 ア　3 イ

練習問題 ―― 6ページ

1 (1) ドキンとする　(2) ウ　(3) エ

2 (1) 口伝　(2) ア

ステップアップ ―― 8ページ

1 (1) エ　(2) エ　(3) イ

(4) 科学の発達はずっとおくれた

解説

練習問題

1 (1) 「しかし」は、前後の内容が反対の内容になっていることを示したり、前後の内容を対比して示したりするはたらきを持つ、逆接の接続語である。ここでは、前の「ドキンとする」ことと、あとの「すぐに見破ってしまう」こととが反対の内容になっている。

(2) □の前後では、「見破ってしまう」→「安心する」と、物事の起こる順番が順当に並べられている。「そして」は、順接の接続語。

(3) 「そこで」は、前の内容が原因・理由となってあとの内容につながることを表す順接の接続語である。「したがって」も同じように、前に書かれている内容があとに書かれている内容をみちびく原因・理由となることを表す。

2 (1) 「たとえば」は、前で述べられている内容についての具体的な例をあとで挙げていることを表す接続語である。ここでは、――線①の前で述べられている「法隆寺《ほうりゅうじ》大工の棟梁《とうりょう》から弟子《でし》へ～受けつがれてきた」、「自然を知りつくした、むかしの職人たちの知恵《ちえ》」といえる「口伝《くでん》」の例として「『用材は木を買わず山を買え』という教え」が挙げられている。

(2) 「だから」は理由と結果をつなぐ順接の接続語である。ここでは、――線②の前の段落で述べられている、環境《かんきょう》のちがいが「木の育ち方や、木材としての質のちがいにもなる」ということが、あとの「お堂や塔《とう》を建てるときには～ひとつの山に育った木をつかったほうがいい」という内容の理由になっている。

ステップアップ

1 (1) Aの前後の関係に着目する。前には「部屋全体」、あとには「少なくとも身体だけは」と、あたためられるものを並べて挙げている。「あるいは」は、同じ種類のものを並べ、その中の一つであることを表す接続語。

(2) 前の「コンクリートの壁《かべ》に囲まれ、舗装《ほそう》された道路の上ばかり歩いている」ことが理由となって「土が恋《こい》しくなる」という結果がみちびかれる順接の関係になっているため、接続語は『すると』がふさわしい。接続語を用いない表現をすると、アは「歩いているが」、イは「歩いているのは」、ウは「歩いているということは」のようになる。

(3) Bの前には「人々の心のどこか」に「文明が人間と自然の直接の接触《せっしょく》を妨害《ぼうがい》しすぎることを好まない気持《きもち》」がある、という、人間の自然に対する親しみの気持ちが書かれている。一方、あとには、「自然的な環境《かんきょう》」が「人間にとって何もかも都合よくできていた」わけではなく、「自然は人間にとって愛すべきものであると同時に、おそるべきものでもあった」という、おそれの気持ちが書かれている。前後で相反する内容が書かれているため、逆接の接続語「しかし」が入る。

(4) ――線②の前の、「古代ギリシャの学者たち」や「近代の西欧《せいおう》の科学者たち」がいなければ「科学の発達はずっとおくれたであろう」という内容は、あとの「かりにそれらの人たちがいなかったとしても」、科学は「生《うま》れ成長したであろう」という内容と相反している。

2 指示語の指す内容を捉《とら》える

確認問題 ――― 10ページ

1 ウ　2 ウ　3 ウ

練習問題 ――― 12ページ

1 (1) Ⅰ 自我　Ⅱ ルールの束
(2) 人間がいつ　(3) イ

2 (1) 地球を征服　(2) タコのよう
(3) ウ
(4) 宇宙人が登場するSF映画

ステップアップ ――― 14ページ

1 (1) エ　(2) ウ　(3) エ
(4) メープルシロップ・シラカバジュース（順不同）

解説

練習問題

1 (1) ――線①の直前に、「自我はルールの束ですが」、直後に、「自我がたくさんのルールを知っている、ということではない」とあることから、〝自我がルールの束であること〟＝〝自我がたくさんのルールを知っていること〟ではない、とつながるよう指示語の指す内容を考える。

(2) ――線②の直前に「人間がいつの間にか身につけるルールはおびただしいものなので」とあることに着目する。直後には「いちいち意識的に覚えているわけではありません」とあることから、〝数が多すぎるので、人間がいつの間にか身につけるルールをいちいち意識的に覚えているわけではない〟とつながるよう指示語の指す内容を考える。

(3) ――線③を含《ふく》む一文を読むと、「じつはこれが、人間の『自我』というものの秘密」とあるので、前に書かれた内容から「自我」について述べられている事実を探す。すると、「たくさんのルールは、〝身について〟、そして〝忘れ去られる〟」と書かれている。また、さらに前には、(1)で見たように、「自我」は「ルールの束」であることが述べられていることから、〝自我はルールの束であるのに、たくさんのルールは身については忘れ去られるということが人間の「自我」というものの秘密である〟とつながるように、指示語の指す内容を考える。

2 (1) ――線①を含む一文に、「これ」の内容は、〝ラジオ放送で大騒動《だいそうどう》を起こしたオーソン・ウェルズの『火星人襲来《しゅうらい》』が台本として使用したもの〟であることがわかる。したがって、「これ」が指し示しているのは、直前文の「火星人が地球を征服《せいふく》しにやってくるというストーリー」という内容となる。空欄の前後で「火星人が」「ストーリー」が指定されているので、「地球を征服しにやってくるという」が十五字の解答となる。

(2) ――線②を含む一文の内容と、「それまで（以前）は」と表現されていることから、「それ」の内容は、〝他の惑星《わくせい》に宇宙人が存在することを空想としか考えられていなかった〟ときのことであることがわかる。したがって、「それ」が指し示しているのは、直前文の「これを台本にしてラジオ放送で大騒動を起こした」ときとなる。ただし指定字数が七十字以内なので、これに合わせて「タコのような〜起こした」を解答とする。

(3) ――線③を含む一文から、「それ」の内容は、〝宇宙人が登場するSF映画が大量に製作された結果、（以前よりあったが）より加速されたもの〟であることがわかる。また、同じ段落で「宇宙人を割と好意的に描《えが》いているもの（映画）が多い」ことも述べられているので、この内容には「宇宙人」に対するプラスイメージも含まれることがわかる。したがって、「それ」が指し示しているのは、直前段落の「宇宙人というイメージが普及《ふきゅう》していた」という内容となり、これを「それ」にあてはめると「宇宙人のイメージの普及」となる。

(4) ――線④を含む一文から、「その」の内容は、〝多くが、親愛の情を示し、〜宇宙人を割と好意的に描いているもの（映画）〟であることがわかる。したがって、「その」が指し示している内容は、二文前の「宇宙人が登場するSF映画」がふさわしいものとなる。これは「～のなか」にもつながるものである。

ステップアップ

1 (1) ——線①の直前に「ハイキングとか山歩きなどの言葉があるのに、なぜ、わざわざ『森林浴』と呼ぶのか」という疑問を述べた文がある。この疑問に対して、「その理由は」と説明していることから考える。

(2) ——線②を含《ふく》む一文に、「それを示す一つが、女性が髪《かみ》に飾《かざ》るかんざし」とあることから、「かんざし」が何の一例として挙げられているのかを考える。すると、——線②の直前に「日本人は、樹木が健康増進のためのエキスを吐《は》き出していることなど、とっくに知っていた」とあり、それを示す例であるとつながる。また、あとには「かんざし」は「稲穂の生命力を体に浸透《しんとう》させるという目的」で「稲穂をとってきて髪に挿《さ》していた」ことが元になっていることが書かれている。

(3) 線③の直後に「古代ギリシャから伝わるもの」「昔の日本の稲穂を飾る考えとまったく同じ発想」とある。「稲穂を飾る」目的は「自然の生命力を吸収する」ことであり、——線③の直前の「マラソン競争のトップランナーの頭を飾る」、「月桂冠《げっけいかん》」も同様である。

第1章 説明的文章

3 文章の内容を読み取る

確認問題 —— 16ページ

1 イ　2 エ　3 ウ

練習問題 —— 18ページ

1 (1) イ　(2) ウ　(3) エ

2 (1) ウ　(2) ア

ステップアップ —— 20ページ

1 (1) ウ　(2) イ　(3) ア　(4) イ

解説

練習問題

1 (1) 「西洋タンポポ」にあてはまる内容は、「自《じ》殖《しょく》性である（二つ後の段落）」「一年中、花を咲かせることができる（三つ後の段落）」「次から次へと種子を作って、バラまくことができる（四つ後の段落）」ということである。種子の「サイズ」「重さ」「飛ぶ距離《きょり》」「数」について、「繁殖《はんしょく》力」については、本文では「日本タンポポ」と比較して述べられているので、これらの内容は(3)の問いの答えを考えるときにも検討《けんとう》すべき内容である。

(2) 「日本タンポポ」にあてはまる内容は、「他殖性である（二つ後の段落）」「（花は）春にしか咲かない（三つ後の段落）」ということである。

(3) 筆者が「西洋タンポポ」と「日本タンポポ」を比較し、それらの違《ちが》いを述べている内容を整理すると、以下のようになる。「種子のサイズ」については、前者の方が小さい。種子の重さについては、前者の方が軽い。種子の飛ぶ距離については、前者の方が遠くまで飛ぶ。「種子の数」については、前者の方が多い。「繁殖力」については、前者の方が強く旺盛《おうせい》だが、後者の方が弱い。これらをふまえて、ふさわしい選択肢《せんたくし》を選ぶ。

2 (1) ——線の直後の段落が「たとえば」で始まっていることに着目する。「待つ」ということの例として山菜や茸《きのこ》を収穫《しゅうかく》する時期や木材を切り出す時期を挙げている。さらに次の段落で「自然の力を借りようとすれば、自然がつくる、それに適したときがくるのを待たなければならない」とまとめている。

(2) 本文最後の段落で、「自然と結ばれ、ときを待ちながら働き暮らしてきた村の人たちは、人間関係のなかでも同じような感覚を育《はぐく》んだ」「自然との関係のなかで学んだことが人間同士の関係のなかでもいかされていた」と説明されている。

1 ステップアップ

(1)「裏打ち」とは、〝ある物事を別の面から確かなものにすること〟という意味である。これをもとに――線①を言い換えると、〝自立は十分な依存によって確かなものとなった状態から生まれでてくるものである〟となる。これをもとに――線①を言い換えると、〝自立は十分な依存によって確かなものとなった状態から生まれでてくるものである〟となる。

(2)「このあたりのこと」とは、――線②までに書かれている「自立」と「依存」の関係のことを指している。――線②の直前の段落では、「自立ということは、依存を排除《はいじょ》することではなく、必要な依存を受けいれ、自分がどれほど依存しているかを自覚し、感謝していることではなかろうか」と述べられている。このような「自立」と「依存」の関係がわからなかった頃《ころ》の筆者が考えていた内容は、――線②の直後に「ヨーロッパの人たちは日本人より自立的だから、親子の関係などは、日本よりはるかに薄《うす》いのだろう、などと勝手なことを考えていた」とある。

(3)「自立」と「孤立《こりつ》」の違《ちが》いに着目する。本文中で「孤立」とは、――線②の直前にあるように「依存を排して自立を急ぐ」ことで、人とのつながりをなくしていく状態を指している。しかし、(1)で見たように、実際には「自立」には「依存の裏打ち」が必要なのであり、本当は必要な「依存」を排除してしまっている様子を、筆者は「孤立になっている」と見ているのである。

第1章 説明的文章

4 理由を捉《とら》える

確認問題 ――22ページ

1 ウ　2 イ　3 ウ

練習問題 ――24ページ

1 (1) Ⅰ 自分の～てくる　Ⅱ 太陽が～できる　(2) ウ

2 (1) イ　(2) そこに

ステップアップ ――26ページ

1 (1) 化粧や～ぬかす　(2) エ　(3) 論理的情報　(4) イ

解説

練習問題

1 (1) ――線①の直前に「太陽が出てきて、また見知った世界を見ることができるようになると」とある。このような状態になると、人間はこわさを感じなくなるのである。また、設問のリード文をヒントに考えると、[Ⅰ]には反対にこわさを感じるのがどのようなときかが入る。――線①の二行前の「こんなときに、人間はこわさを感じる」という表現に着目し、「こんなとき」の直前を見る。

(2) 本文の初めに、「自分のまわりに、自分がよく知っているものがいれば、人間はあまりこわさを感じない」とある。また、――線②の直前に「逆に考えれば」とあることから「逆に」の直前を見ると、「信頼《しんらい》のできる人間の身近な存在が、こわさと反対の作用を持っている」と書かれている。このため、逆に、そのような存在がいない「ひとりぼっち」の状態では、こわさが増すのである。

2 (1) ――線①を含《ふく》む段落に注目すると、「ロボットの役割は、今後さらに大きくなって行くであろう」と筆者が考えている理由は、二〇世紀後半に「人間の仕事をする機械」として実用化されたロボットの活躍《かつやく》の幅《はば》が、すでにかなり広がってきているからである。したがって、〝ロボットの役割が今後どうなっていくのか〟ということを筆者は推測できたのである。

(2) ――線②のように筆者が考える理由は、直後の文で「そこには、それぞれの国の歴史的、文化的条件に由来する差異が見られるからである」と述べられている。国によって考え方は違《ちが》うから、ロボットとの付き合い方も国や民族によって同じにはならないのである。

1 ステップアップ

(1) ――線①のあとを読むと、「表現過程のこの段階はとかく軽くみられやすい。文章にとっては余計な部分、表現の遊びと考えられる傾向《けいこう》が強い」とあり、続けて「それはレトリックというものが正当に位置づけられていないせいだろう。つまり、表現の方法に心をくだくことが、化粧《けしょう》や装飾《そうしょく》にうつつをぬかすというレベルでとらえられているのである」と理由が説明されている。くだくことが、化粧《けしょう》や装飾《そうしょく》にうつつをぬかすというレベルでとらえられているのである」と理由が説明されている。

(2) ――線②の直前に「化粧や装飾の面もあるが、それだけがレトリックではない」とあることに着目し、筆者が「真正の意味でのレトリック」とはどのようなものだと考え、どのように評価しているのかが書かれているところを探す。すると、本文最後の二段落に、「真に〝表現〟されている」文章は、「読む者の奥《おく》にしみ入って人を動かす」のであり、「レトリックは～対象にどこまで迫《せま》れるか、それをどこまで忠実に写せるか、どこまで正確に造形できるかという表現行動そのもの」だと書かれている。

(3) ――線③を含《ふく》む一文に「最低限、それがABC……Zであることが相手にわかるように表現すること、それが正確にわかりやすくという文章の基本的な書き方」とある。なぜこのような書き方が必要なのかは、さらにその前の二文の「ある文章で伝達すべき論理的情報～ABC……Zがともかくも相手に伝わることが最も大切」という内容から考える。

(4) ――線④の直前に「このような、いわば表現の襞《ひだ》は」とあることに着目し、――線④がどのような表現について述べられた言葉なのかを考える。前を読むと、――線④が「鍛《きた》えられたしなやかな文章感覚によって、真に〝表現〟されている」ような「表現対象の在《あ》り方のニュアンス、それに対する表現主体のとらえ方のデリカシーを含む有機的な文章」「厚み、円《まる》み、柔《やわ》らかさ、激しさ、無気味さ、巨《きょ》大《だい》さ、粘着性《ねんちゃくせい》、清涼感《せいりょうかん》、透明感《とうめいかん》をもったトータルなものとして読む者に生き生きと伝わってくる」文章について述べていることがわかる。こうした表現の在り方が、「読む者の奥にしみ入って人を動かす」のである。

第1章 説明的文章

5 筆者の主張を読み取る

確認問題 ―― 28ページ

1 ウ　2 ア　3 エ・オ（順不同）

練習問題 ―― 30ページ

1 (1) 文字信仰　(2) 書くのは筆
(3) ウ

2 (1) ひとつひと　(2) 「日本の農
(3) Ⅰ 同じ構造を　Ⅱ さまざまな

ステップアップ ―― 32ページ

1 (1) 深く生きる　(2) 言語の形を
(3) 感動　(4) 正確に表現すること・わかりやすく書くこと（順不同）
(5) ア　(6) エ

解説

練習問題

1 (1) 「文字、文章」よりも「話すこと」を重視する筆者の考えと異なり、「文字、文章」の方が重要だと信じて疑わないような考え方を、筆者は「文字信仰《しんこう》」と表現している。

(2) 「文章の上手、下手は、技術の問題」とは、言い換《か》えれば〝書くことは技術である〟ということである。このような「書くことば」について、筆者は――線②を含《ふく》む段落の中で「書くのは筆先の芸であって～ウソとも思わず、ウソを書く」と説明し、「書くことば」よりも「話すことば」の方がその人自身を反映しやすいことを述べている。

(3) ⑵で見たように、筆者は「書くことば」と「話すことば」を比べて「話すことば」の方が「より心、生活に近い」ものであり、文字、文章よりも「ずっと深く、精神と生活を反映」していると説明している。

2

(1) ――線①を含《ふく》む一文より、「村とか集落」は「自然と人間が暮らす共同の空間（共同体）」のことであることがわかる。この特徴については、同じ段落で「半分は自然によって構成されていた」、二つ後の段落で「自然の時間と人間の時間とが蓄積《ちくせき》されるようにしてつくられた」、と述べられているが、いずれも指定字数に合わない。指定字数に合うのは、最終段落二文目で「日本の共同体」について述べられた「ひとつひとつの差異が大きかった」という内容である。

(2) ――線②を含む段落より、人間が暮らしている「『わが村』」は、自然と人間が共存する空間のことを表している。その結論として述べられている内容を指定字数内で探すと、最終段落一文目の「『日本の農村共同体とは』という言い方が、そもそも、不適当だ」がふさわしい部分となる。そもそも、南北に連なる日本列島の自然は地域差が大きいので、同じ構造をもつ共同体が日本の各地にあるはずがないのだ。したがって、「日本の共同体」のように一括りで表現するのはおかしい、と筆者は結論づけているのである。

(3) 「日本の共同体」についての筆者の主張は、最終段落二文目で「日本の共同体は、その地域の自然がそれぞれ異なる以上、ひとつひとつの差異が大きかったのではないか」と述べられている。さらにこの内容は、直後で「つまり、日本には、同じ構造をもつ共同体が各地にあったのではなく、さまざまな共同体が各地に展開していた、と考えたほうがよいのではないのか。」と言い換《か》えられており、各空欄の前後の表現を見てもこの部分を解答とするのがふさわしい。

ステップアップ

1

(1) 「いい内容」を言い換《か》えた表現に着目する。筆者は――線①の直後で「すぐれた内容を生み出す特定の手段のようなものは考えられない」と述べたうえで、同じ段落の最後で「豊かな内容」は、技術ではなく「深く生きることをとおして自然に湧《わ》き出るのだろう」と考えを述べている。

(2) ――線②を含《ふく》む段落の初めに、「どれほどすぐれた思考内容が頭のなかにあったとしても、それが直接人の心を打つことはできない」と、――線②に似た内容がある。この内容に、人の心を打つためには「ことば」の姿をとおさなければならないという内容を含めたのが――線②である。なぜ「ことば」が必要となるのかを探すと、同じ段落に「言語の形をとることによって～はじめて確認できるのである」と説明されている。

(3) ――線③を含む段落中に「それがいい文章である限りは必ず備わっている表現上の共通点がある」と述べられていることに着目する。その「共通点」として、筆者は「明晰《めいせき》な通達性」を挙げ、「通じない文章が人を感動させるはずはない」とその理由を説明している。これを言い換えると、〝明晰な通達性をもって読む人に通じ、その人を感動させることができる文章〟がいい文章だということである。

(5) ――線⑤を含む一文は、一文前の「どの言いまわしが自分のそのときの気持ちを最も適切に表すか、というレベルでの〝正確さ〟」の例として挙げられている。「最も正確な表現」といえるのは、「自分のそのときの気持ちを最も適切に表す」からである。

(6) ⑶でも見たように、筆者は読者に〝通じる文章〟であることが「いい文章」の条件であると述べている。さらに、本文最後の四行で、文章を書く場合の注意点としても「わかりやすく書くこと」を挙げ、「わかりにくい文章であれば、相手は真意を理解できなかったり誤解したりする危険が大きい」と述べている。

1 空欄《くうらん》に入る言葉を考える

確認問題 34ページ

1 イ　2 イ　3 ア

練習問題 36ページ

1 (1) ウ　(2) 一（心）不（乱）　(3) ア

2 (1) ア　(2) 本来　(3) ウ

ステップアップ 38ページ

1 (1) 他人と思っ　(2) イ　(3) エ　意味 キ　(4) エ　(5) Ⅰ たみに叱られ諭される　Ⅱ 一番幸せ

解説

練習問題

1 (1) [A]を含《ふく》む一文には、「彼《かれ》も、私が犬を[A]種類の人間でないことが解《わか》っていた」ために、「じゃれ付くようなことはなかった」と述べられている。「彼」とは、犬の「チロ」を指している。その「チロ」がじゃれ付こうとしないのは、「私」が犬を可愛《かわい》がるような人物ではなかったからである。また、「私」の行動に着目してみても、本文二～四行目に、「もちろん、犬と遊ぶようなことはせず、ただ～見ていた」とある。

(3) [C]のあとに、「カレーライスを食べなければならないという立場に立たされた犬に、私は共感を覚えた」とあることに着目する。「共感を覚えた」という表現から、ここでは「私」が、チロの気持ちを理解できたように思い、親しみを感じている様子がわかる。

2 (1) 「こだわる」という語について、[A]の直前に「本来いいニュアンスのある語ではなかった」と述べられている。したがって、マイナスの意味合いをもつ表現を選ぶ。

(2) [B]を含《ふく》む一文の文頭に「つまり」があるので、この文がこの文以前の内容のまとめであることがわかる。また、「こだわり」という言葉が「いいニュアンスではない語とセットで」用いられるという内容は、[A]の直前に述べられているので、この部分からふさわしい二字の語を抜き出す。

ステップアップ

1 (1) ――線①の理由は、直後の門倉《かどくら》の会話文「『他人と思ってなかったぜ』」からわかり、会話の文末の「『ぜ』」からは、門倉が自信もって発言していることがわかる。ここでの「『仏さん』」は仙吉《せんきち》の父親のことで、「『おれ』」は門倉のことである。

(2) [A]を含《ふく》む一文より、仙吉の父親は仙吉とは口も利かなかったが、門倉には自身の全盛時代のはなしを聞かせていたことがわかる。このことは、仙吉にとっては「痛いところ（＝弱み）」である。

(3) [B]を含む会話文は、「軍需《ぐんじゅ》景気で」「うちは一介《いっかい》の月給取り」「暮《くら》しには、高低《こうてい》がある」とあるので、「家計」が話題になっていることがわかる。また、門倉が多額の「お経料」を持参していたことから、[B]には〝門倉が裕福である〟ことを表す語句が入る。

(4) [C]の姿勢をとった門倉がたみに「頭を下げた」ときの様子が、「小学生のように」「キチンと」していたことがわかる。この姿勢としてふさわしいのは、直立不動（＝真っ直ぐ立って身動きをしないこと）である。次段落の末文にも「すぐ動いたりしては勿体《もったい》なかった」とある。

(5) ――線②を含む段落から、門倉が「至福のとき」と感じる理由は、「たみに叱《しか》られ諭《さと》される」ときに「一番幸せ」を感じられるからであることがわかる。

2 様子を捉《とら》える

確認問題 ———— 40ページ

1 イ 2 ウ

3 Ⅰ イ Ⅱ ア Ⅲ オ

練習問題 ———— 42ページ

1 (1) Ⅰ 退屈 Ⅱ 誰からも見
(2) 風変わりな子供 (3) ウ

2 (1) Ⅰ ハル Ⅱ 夏の朝
Ⅲ 気持ちがいい (2) ア
(3) Ⅰ 魚 Ⅱ ムダな動き

ステップアップ ———— 44ページ

1 (1) ウ (2) 生まれたところ
(3) イ (4) 別の人間の物語
(5) エ

解説

練習問題

1 (1) 本文二・三行目に「暑い夏、私は、とても退屈《たいくつ》していた」「退屈は、いつも、私に色々なことを教えてくれる」とあることに着目する。また、誰《だれ》からもかまわれず、そのように「退屈」していた心情が、十五・十六行目では「誰からも見捨てられているという気分を存分に味わっていた」と表現されている。

(3) 「私」は、「退屈」「誰からも見捨てられているという気分」が「好き」であり、それを「存分に味わって」いた。そうした時間に、「私」は「氷を入れた冷たいお茶のグラスの外側に水滴《すいてき》が付いて重みを増し、それらが流れ落ちて行く様子を見詰《みつ》めたり、あまりの暑さに身動きも出来ない空気を悲しく思ったり」、林に入って、「粉を吹《ふ》き出すきのこや、小川のふちに群をなす糸とんぼに触《ふ》れ」たりして、自分の周りの世界を一人で観察し、自分だけの世界で「退屈」を楽しんでいたのである。

2 (1) "口笛を吹《ふ》きたくなるような気持ち"とは、"明るく晴れやかな気持ち、軽やかな気持ち"などを表す表現である。——線①の直前に「緑の海のような田んぼの道を風を切って走っていると」とあることに着目すると、今の気候や空気についての心情であることがわかる。このような心情を探すと、本文一文目に、「夏の朝って、どうしてこんなに気持ちがいいんだろう」とある。また、直後に「と思ったとたん、リュウセイが口笛を吹きだした」とあることから、これはハルの気持ちである。

(2) ——線②の二行あとに「軽口をたたき合っていると」とあることに着目する。この表現から、——線②の言葉は本心から馬鹿《ばか》にしているのではなく、親しみを込《こ》めてふざけて言っている言葉であることがわかる。

(3) ——線③のリュウセイの言葉は、直前のハルの「魚って、なんで跳《は》ねるんやろ。空中にエサがあるわけないし、ムダな動きするなあ」という言葉に対して言っている言葉である。魚が、エサをとるというように生きるのに必要な動きとは違《ちが》う、一見「ムダな動き」をするのは、自分たちが、やはり生きていくのに直接必要のない「ラグビーやったり、ソフトに夢中になったりする」のと同じではないかとリュウセイは言いたいのである。

ステップアップ

1 (1) ——線①の直後で「わたし」が「いったい、ここってどこ?」とたずねていることに着目すると、「魚の匂《にお》い」が「わたし」の知らない土地に来ていることを表現していることがわかる。また、——線④の二行あとで父親が「そろそろ海岸のほうに行くか」と言っていることからも、だんだんと海へ近づいていることがわかる。

(2) 「わたし」がこのような様子になったのは、父親の「M町だよ。まつりの生まれたところ。一歳《さい》半までしかいなかったから、覚えていないだろうけれど」という言葉がきっかけであることから、「わたし」は、父親に生まれた町に連れてこられたことに驚《おどろ》いているのだということがわかる。

(3) 「若緑色をした苗《なえ》が、そよぎながら水田に影《かげ》を映していた」という表現から、初夏の水田の風景が描《えが》かれていることがわかる。

(4) 〝二の句がつげない〟は、〝驚きで言葉が出てこない〟という意味である。――線④の直後に「今の二人の生活からは想像もできないような光景」とあることに着目すると、「わたし」が驚いているのは、――線④の前で父親が語っているM町での両親の生活であることがわかる。「わたし」は、このM町での両親の生活を「まるで別の人間の物語のように」想像もできないと考えている。

(5) 「わたし」は父に生まれた町に連れてこられ、知らなかった両親の過去の生活を知り、まるで「別の人間」だと感じた。今まで知らなかった両親の新たな一面を見たのである。

第2章 文学的文章

3 心情を読み取る

確認問題 ―― 46ページ

1 ウ　2 イ　3 ア

練習問題 ―― 48ページ

1 (1) きもちがいい
空を飛んでいる気分
(2) ア　(3) ウ

2 (1) ウ　(2) 興奮　(3) ウ

ステップアップ ―― 50ページ

1 (1) エ　(2) イ　(3) ア
(4) Ⅰ 自分の中　Ⅱ 別の力
(5) イ

解説

練習問題

1 (2) ランニングに入ったあとの翔《しょう》の気持ちは、征《せい》さんの言葉よりあとに「これなら、どこまでも走っていけそうだ。しかも、思ったよりもスピードが出ている。でも、ちっとも息はくるしくない。なんて、きもちがいいんだ」と、翔の視点で書かれている。

(3) ――線③は〝思い切り走りたい〟という翔の希望が強く表れた言葉である。よって、〝強く望むこと〟を表す「熱望」がふさわしい。**ア**「失意」は〝期待どおりにならずがっかりすること〟、**イ**「驚嘆《きょうたん》」は〝思いがけないことに驚《おどろ》き感心すること〟、**エ**「感心」は〝人の行いや腕前《うでまえ》などに感じ入ること〟という意味である。

2 (1) 「もどかしい」は、〝思うようにいかず、いらだつ気持ち〟を表す心情語である。「袋《ふくろ》から出すのももどかしい気持ち」とは、〝袋から出すのにもいらだつほど写真を見るのを急ぐ気持ち〟を表している。つまり、それほど早く写真を見たかったのである。このあと、とるのに失敗した写真を見て「わたし」が「えーっ、これって何よ!?」と驚《おどろ》いていることからもわかるように、「わたし」は写真をとるのに失敗したとは思っておらず、できばえに期待していたため、早くできあがった写真を見たかったのである。

(2) ――線③を含《ふく》む段落の最初の三行で、「わたし」が写真をとっていた当時を振《ふ》り返って、失敗の原因を考えている。「あのときわたしは興奮しすぎていて、レンズを花に密着させたまま、シャッターを押《お》しつづけたものらしい」とあることから心情が読み取れる。

(3) ――線③の直後に「そんなに悪くはない」とあることに着目する。「悪くはない」は、言い換《か》えると〝まずまずのできばえである〟という意味である。本文最後の一文に、「受験勉強で目が三角になっている」恵《めぐみ》に「モデルをつとめることを強要した」ので、「失敗したらもう彼女《かのじょ》に合わす顔はなかったのだ」とあることから、「悪くはない」できばえだったことで、何とか恵と顔を合わせられるという「わたし」のほっとした気持ちを読み取る。

ステップアップ

1 (1) ――線①の直後に、「自分に言い聞かせた」とあることに着目する。また、続けて「自分は一度にたくさんは進めない」と、早弥《さや》が自

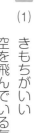

分自身のペースを改めて思い、確かめている。

(2) ――線②の直前に、「彼《かれ》らの姿は、できない自分を映す鏡でもあった」とあることに着目する。「彼ら」とは、さらに一文前で早弥が、以前は「うらやましくてたまらなかった」と振《ふ》り返っている「なんでも器用にこなす春《はる》や、特別な才能を持っている実良《みら》」のことである。〝人と比べて自分が劣《おと》っていると感じる気持ち〟は「劣等感《れっとうかん》」である。「くさる」は〝気分が晴れず、元気をなくす〟という意味。

(3) ――線③の「それ」が、どのようなことを指しているのかを考える。――線②から――線③の間を見ると、(2)で見たように、春や実良に劣等感を抱《いだ》いていた早弥が、弓道《きゅうどう》を通して「一歩一歩しか歩けないのなら、長い間歩いていればいい」「人が歩みをやめてしまっても歩いていればいいし、やめてしまっても、ひたすら続けていればいい」と自分なりのやり方で進んでいけばいいのだということがわかったと考えていることが書かれている。このような今の自分に対し、弓が「それでいいのだと答えるように」聞こえたということから、早弥が今の自分のあり方に自信を持てそうな気がしていることを読み取る。

(4) ――線④の直前に「今度はしっかりと感じられる」とあることに着目すると、早弥は、その「感じられる」ものをつかみたいと考えていることがわかる。何が「感じられる」のかを探すと、さらに前の二文に、「一回戦のときのあの感じ。自分の中に別の力を見つけた感じ」とあり、それが「今度はしっかりと感じられる」とつながっている。

(5) ――線⑤の「これだと思った」という表現は、はっきりと見えずに探していたぴったりの答えや方法、コツなどを見つけたときの心情を表す。ここでは、早弥が自分の中に、これまでには見つけていなかった、矢を射るときの境地を見つけたことを表している。よって、〝確かにこうであると信じる気持ち〟を表す「確信」がふさわしい。ア「共感」は〝相手と同じ気持ちだと感じること〟、ウ「絶望」は〝望みを失うこと〟、エ「茫然《ぼうぜん》」は〝驚《おどろ》きなどによってぼんやりとしている様子〟という意味。

第2章 文学的文章

4 理由を捉《とら》える

確認問題 ―― 52ページ

1 Ⅰ 振り向いた Ⅱ いつも窓か

2 Ⅰ 悪いこと Ⅱ 詫びを入れる

3 エ

練習問題 ―― 54ページ

1 (1) Ⅰ 買わないこと Ⅱ 気持

(2) ① エ ② Ⅰ 初めて Ⅱ 生まじめな顔

2 (1) エ (2) Ⅰ 一週間会えんぞ Ⅱ リュウセイのい (3) イ

ステップアップ ―― 56ページ

1 (1) エ (2) ア (3) ウ (4) イ (5) 消え入りそうな声

解説

練習問題

1 (1) ――線①の理由は、直後の文の「(たみには)買わないことが門倉《かどくら》の気持《きもち》だった」に注目する。門倉は、たみだけを特別扱いすることで、自分の気持ちを伝えようとしたのである。

(2) ① 「そこ」は、さと子がレントゲン室に入る前にふり向いて見た、門倉とたみが坐《すわ》っているところである。

(2) ② 段落から、門倉とたみは「見合いでもしているように」緊張していることがわかる。これは、直前文にあるように「仙吉抜《せんきちぬ》きで門倉がたみと出掛《でか》けたのは、これが初めて」だからである。さと子には生《き》まじめな顔をして正面を向いて坐ってるふたりがみえたのである。

2 (1) 本文初めから――線①までを見ると、ハルはリュウセイに対し、「ずっと、自分がリュウセイを守ってると思いこんでいたけど、ほんとうにそう？　ひょっとして守られてたのは、うちのほう？」と疑問を抱《いだ》いている。いつのまにかリュウセイと守る・守られるの立場が逆転しているのではないかと感じたのである。そのうえに、「いつのまにか自分より十五センチも背の高くなっている」リュウセイは、心も体も成長して大人びて見え「見知らぬ男子」のように感じられたのである。

(2) 〝胸を風が吹《ふ》き抜《ぬ》ける〟は、寂《さび》しさを感じていることを表す表現である。直前の「口では勇ましく返したものの」に着目すると、この前の「おれ、今から天降《あめふり》高原で合宿やし、一週間会えんぞ」から始まるリュウセイとの会話が寂しさを感じるきっかけになったことがわかる。——線②の直後に「リュウセイのいない一週間、うちはどうやって過ごせばいいんだろう」とあるように、ハルはリュウセイに「一週間会えんぞ」と言われたことで、リュウセイのいない一週間に寂しさや不安を感じていることがわかる。

(3) ——線③の直前に「ばーか」とあることに着目する。これは「達者でな」と言って去っていくリュウセイに向けた言葉である。リュウセイのいない一週間を過ごすことに寂しさや不安を感じているハルに対して「達者でな」とからかうような別れのあいさつをして立ち去ってしまうので、ハルは憎《にく》らしくなって石を投げたのである。「憎らしい」は〝しゃくにさわる〟という意味だが、〝相手がかわいいから腹が立つ〟という意味でも用いられる。

ステップアップ

1 (1) ——線①の直後に「左手で犬をかばった」とあること、四・五行前でモコが犬に飛びかかった瞬間《しゅんかん》、理央《りお》が「力いっぱいモコの脚《あし》ひもを引っ張った」ことに着目する。

(2) ——線②の直前に「理央は激しく動く動物たちのあいだで、もみくちゃになった」とある。モコが激しく動いているために、モコの鈴《すず》が「激しく鳴りひびく」のである。

(3) 〝息が上がる〟は〝呼吸があらくなる様子〟という意味である。理央はモコと犬との間でもみくちゃになりながら、なんとかモコを「腕《うで》の中におさめた」のである。モコと犬との激しいけんかをなんとか止めようとしたため、呼吸があらくなったのである。

(4) ——線④の直前でおばさんが「こわかったでしょう。こんなにふるえて、かわいそうに」と言って、犬の体をなでまわしていることに着目する。——線④の直後で「あなたそれ、何？」と「化け物を見るような目」でモコを見ていることからもわかるように、おばさんにとってモコは大切な飼い犬に襲《おそ》いかかった悪者であり、飼い主の理央も同様に許せない相手なのである。

(5) 本文最後から六・七行目に「認識《にんしき》が甘《あま》かったと素直《すなお》に思う」という理央の反省があり、その直前に「消え入りそうな声であやまった」という理央の落ち込んだ様子を表す言葉がある。

第2章 文学的文章

5 表現の特徴《とくちょう》を捉《とら》える

確認問題 —— 58ページ

1 ウ　**2** ウ　**3** ア

練習問題 —— 60ページ

1 (1) ハルはただ　(2) エ
(3) リュウセイが（の）いない

2 (1) イ　(2) ウ

ステップアップ —— 62ページ

1 (1) Ⅰ サンペイ君
Ⅱ クラスのみんな
(2) 鳥肌が立った
(3) 興奮　(4) ア
(5) 福ちゃんはぽか
福ちゃんは言葉（順不同）

解説

練習問題

1

(1) ハルが寝《ね》てばかりいる様子は、本文一段落目にくわしく描《えが》かれ、「ただただ波間に漂《ただよ》うラッコのように寝流れた」とたとえを用いて表現されている。

(2) ——線②の直前に、「あせりに似た気持ち」とあることに着目する。この「あせりに似た気持ち」は、さらに一・二文前に「合宿で鍛《きた》えている」リュウセイに比べて家からほとんど出ないで寝てばかりの自分は「日に日に筋肉が落ちていく」とあるように、何もしないでいることで、自分だけ置いていかれそうだという気持ちである。

(3) 本文初めの一文に、「リュウセイのいない一週間」とあるように、この文章はリュウセイが合宿へ行ってしまった一週間のハルの様子を描いている。また、そのなかで中心に描かれているのは、「リュウセイがいないからって、こんなにも気の抜けてしまう自分」を不思議に感じたり、そのような自分の現状にあせりを感じたりしているハルの心情である。リュウセイのいない時間を過ごすことに戸惑《とまど》っているハルの心情を読み取る。

2

(1) 【 】の部分では、「私は彼《かれ》の名を呼んだ」「私は、サンダルを履《は》いてポーチに降りた」「そして、食事中の犬に近寄った」のような「私」の行動と、「私に頭を撫《な》でられながら、彼は、ただ、ひたすらカレーライスを食べていた」「ふと、彼は、食べるのを止《や》めて顔を上げた」「チロは、そんな私を一瞥《いちべつ》しただけで、再び、カレーライスを食べ始めた」のようなチロの行動を、順を追って書き連ね、「私」がチロに手を噛《か》まれるまでをくわしく描《えが》いている。

(2) 「皆《みな》、私をいつもどおりだと思っていた。その晩の夕食までは。」と倒置法を用いることで、このあとの夕食で何かが起こることを予感させている。

ステップアップ

1

(1) ——線①の直前に「たったそれだけのことで」とあることに着目する。「たったそれだけのこと」とは、本文四～十行目にあるように博士《ひろし》がサンペイ君と会話を始めたことである。それに対して「教室の雰囲気《ふんいき》がざわっと波立った」のは、それが教室にいる「クラスのみんな」には特別なことだったからである。

(2) 博士がどのようなことに快感を感じているのかを押さえる。——線②を含《ふく》む一文に「視線が集中し、いつもだったら注目されるのは嫌《きら》いなのに、きょうばかりは快感」とあることから、博士は「クラスのみんな」の視線が自分に集まっていることに快感を感じていることがわかる。同じように博士に注目が集まっている部分を探すと、——線④の四・五行前に、「またも教室がざわめいた」「さっきよりもずっと張りつめた感じ」とあり、そのときの博士の様子として、「博士は鳥肌《とりはだ》が立った」と書かれている。

(3) ——線③を含む一文に「なかなか眠《ねむ》りにつけず、それで遅《おそ》くまで『火の鳥・未来編』を読んでいた」とあることに着目する。さらに続けて読むと、その結果「ますます興奮してしまって、明け方までまんじりともできなかった」とあることから、もともと「興奮」していたところに、さらに「興奮」することになり、眠ることができなかったという博士の様子が読み取れる。

(4) ——線④の直前に「『福《ふく》ちゃん——』博士は大声で呼び掛《か》けた」とあることに着目する。「唾《つば》を飲む」は、どうなることかとはらはらしながらなりゆきを見守る様子を表す言葉である。——線④のあとの「ナカタが嘘《うそ》つきじゃないっていうなら、騙《だま》されてるんだべ。あいつのおじさんは近所でも評判の大嘘つきだべ」といった福ちゃんの言葉からは福ちゃんがサンペイ君をよく思っていないことがわかる。そして(1)(2)でも見たように、「クラスのみんな」にとっては、博士が福ちゃんの嫌《きら》っているサンペイ君と会話を始めたことは特別なことであり、それに「福ちゃん」がどのように反応するのか注目しているのである。

(5) 心情は、行動、表情に表れる。――線④のあとで「本当だったよ~サンペイ君はほら吹《ふ》きじゃないよ」と博士がサンペイ君を信じていることを示している部分からあとの福ちゃんの行動や表情に着目すると、「ぽかんと口を開いたまま、しばらく黙《だま》っていた」と、サンペイ君を信じている博士に対して驚《おどろ》く気持ちが読み取れる表現や、「言葉の途中《とちゅう》で興味を失ったみたいに前を向いて、おおげさにため息をついてみせた」と、あきれている気持ちが読み取れる表現が見つかる。

第3章 古文

1 動作主を捉《とら》える

確認問題 ―― 64ページ

1 所の者　2 玄輝門院　3 修行者

練習問題 ―― 66ページ

1 (1) エ　(2) 人々　(3) 一人の弟子

ステップアップ ―― 67ページ

1 (1) Ⅰ 五色　Ⅱ 角　Ⅲ 鹿

(2) (誰が) 烏　(誰を) 鹿 (かせぎ)

(3) ウ　(4) 鹿 (かせぎ)

解説

練習問題

1 (1) 孔子《こうし》と弟子たちのところに、船に乗った「叟《そう》」で帽子《ぼうし》をかぶっていた人(=叟)があらわれ、船を葦《あし》につないで陸に上がったのである。

(2) 「叟」のことを変な奴だと思ったのは「人々」である。

(3) 「叟」=「翁《おきな》」から問われ、「そうではありません」と答えたのは、「翁」に近づいた「一人の弟子」である。

【現代語訳】

今は昔、中国の孔子が林の中の丘のようになっているところで散歩なさっていた。自分(孔子)は琴《こと》を弾《ひ》き、弟子たちは書を読んでいた。ここへ、舟に乗った老人で帽子を被《かぶ》った人が、舟を葦につないで陸にあがり、杖をついて、琴の演奏が終わるのを聞いていた。人々はその老人の様子を見て、変な奴だなと思った。この老人が孔子の弟子たちを手招きしたので、一人の弟子が近寄った。翁が、「この琴をお弾きになっておられるのはどなた様ですか。もしや国王ですか」と尋ねた。(弟子は)「そうではありません」と答えた。「では国の大臣ですか」、「いやそれでもありません」。

ステップアップ

1 (1) 「人に知られず」に、「深山《みやま》にのみ」住んでいたのは、「身の色は五色《ごしき》にて、角《つの》の色は白き鹿《しか》」である。

(2) ――線②の直前に「このかせぎを」とあることに着目すると「かせぎ(鹿)を」友とするとわかる。さらに一文前には「その山にまた烏《からす》あり」と紹介《しょうかい》されているので、「烏が」友とするのである。

(3) 「我を人助けよ」と叫《さけ》んでいることに着目する。――線③を含《ふく》む文の一文前に「ある時この川に男一人流れて、すでに死なんとす」とあり、この男が助けを求めているとわかる。

(4) ――線④を含む一文を見ると、「このかせぎ(鹿)」が「この(男の)叫ぶ声」を聞いて、かわいそうでたまらず川を泳いで男を助けたのだとわかる。

【現代語訳】

これも昔のことだが、天竺《てんぢく》に、体は五色で、角の色は白い鹿が一頭いた。深い山奥《やまおく》にだけ住んで、人に知られていなかった。その山のほとりに大きな川があった。その山にはまた烏《からす》がいた。この(五色の)鹿を友として過《す》ごしていた。

ある時この川に男が一人流されて、まさに死にそうになっていた。「私を誰《だれ》か助けてくれ」と叫ぶと、この鹿は、この叫ぶ声を聞いて、かわいそうでたまらずに、川を泳いで近寄って、この男を助けたのだった。

第3章 古文

2 現代語訳を考える

確認問題 ——— 68ページ

1 エ　2 イ　3 ウ

練習問題 ——— 70ページ

1 (1) ① ウ　② ア　③ ア
(2) ① 心あるさまにをかし　② いみじうあざやかに
(3) ア

2 (1) エ
(2) Ⅰ 浅くて流れ　Ⅱ 深い
(3) ウ

ステップアップ ——— 72ページ

1 (1) イ　(2) ウ
(3) ① おきてて　② あやまちすな　③ 安く思へば

2 (1) ア　(2) イ　(3) ア

解説

練習問題

1 (2) ① 「心あり」はここでは「趣《おもむき》がある」という意味。他に「道理をわきまえている」などの意味でも用いる。また、「をかし」はここでは「面白《おもしろ》い」という意味。他に「趣がある」「美しい」などの意味でも用いられる。

(2) ② 「いみじ」はここでは「たいへん」という意味。他に「すばらしい」「うれしい」などの意味でも用いられる。

(3) 「なほ」は「やはり」、「さらに」は「あらためて」、「べう（べし）」は「〜しなければならない」、「あらず」は「〜ではない」という意味である。

【現代語訳】

四月の終わり、五月の初めの頃に、橘《たちばな》の葉の濃《こ》く青いところに、花がたいそう白く咲《さ》いているのが、雨が降っている早朝などは、世に比べるものがないくらい趣がある様子で面白い。花の中から黄金の玉であるかのように見える、（実が）たいへんくっきりと見えるのなどは、朝露《あさつゆ》に濡《ぬ》れた夜明けの桜《さくら》に劣《おと》らない。ほととぎすの寄ってくるところとさえ思うからだろうか、やはりあらためて言うこともない（ほど趣深い）。

2 (1) 「いかなる」は「どのような」という意味。「いかなる所にも住まる」は、「どのような所にも住むことができる」という意味である。

(2) 「遥《はる》かにすずし」は、「ずっとすずしげに感じられる」という意味。何と何を比べているか、——線②の前を見ると、「深き水は涼《すず》しげなし」「浅くて流れたる、遥かにすずし」と続いているため、「深き水」よりも「浅くて流れたる」水が「ずっとすずしく感じられる」のである。

(3) 「用なし」は「必要のない」、「見るも面白く」は「見るのにも趣《おもむき》があり」、「万《よろづ》の用」は「さまざまな用途《ようと》」、「立つ」は「役に立つ」という意味である。

【現代語訳】

家の造り方は、夏を一番に考えることとするべきだ。冬はどのような住居にでも住める。暑い頃《ころ》に不都合な住まいは、耐《た》えがたいものである。深い水はすずしさが感じられない。浅くて流れている方が、遥かにすずしく感じられる。細かい物を見るのに、遣戸《やりど》（のある部屋）は蔀《しとみ》のある部屋よりも明るい。天井《てんじょう》が高いのは、冬は寒く、灯《ともしび》が暗い。家の造りは、必要のないところを造ってあるのが、見た目にも趣があり、さまざまな用途に役立つのでよいと、人々が論じていることだ。

ステップアップ

1 (1) 「いと」は「とても」、「〜ほど」は「〜うち（は）」という意味である。

(2) 「やすき所」は「安全な所」という意味である。

(3) ① 「おきつ」は「指図する」という意味である。
② 「あやまち」は「しくじること」という意味である。
③ 「思へば」は「思ったら」という意味で

ある。

【現代語訳】

名高い木登りという男が、人に指図して、高い木に登らせて梢《こずえ》を切らせたとき、とても危なく見えるうちは何も言わず、木を下りるとき軒《のき》の高さほどになって、「しくじるな。心して下りろ」と声をかけましたのに対して、「これくらいになれば、飛び下りても下りられるだろう。どうしてこのように言うのか」と申しましたら、「そのことでございます。目がくらむほど高く、枝が危ないうちは、自身の恐怖心がありますので、何も申しません。失敗は、安全な所になって、必ず起こることでございます」と言う。

身分の低い下賤《げせん》な者（が言うこと）だが、聖人の戒めにかなっている。蹴鞠《けまり》も、難しい所をうまく蹴り上げた後に、余裕だと思ったら、必ず落ちるものだとか申すそうでございます。

2 (1)「いとまなく」は、「時間がない」という意味である。

(2) あとの文「害を買い、累を招く」が根拠となる。「累」は、「苦労」という意味である。

(3)「べき」は推量の助動詞で、「〜だろう」という意味である。

【現代語訳】

名誉《めいよ》や利益にあやつられて、心がおだやかでいられる時間もなく、一生を苦しむことは愚《おろ》かなことである。財産が多ければ身を守るのに不十分である。（財産は）害を買い、苦労を招く媒介《ばいかい》である。死んだ後に積んで北斗《ほくと》七星を支えるほどの財産を残しても、残された人を思い悩《なや》ませることになるだろう。愚かな人が見てよろこぶ楽しみも、またむなしいものである。大きな車、肥えた馬、金玉の飾《かざ》りも、道理をわきまえているような人は、いっそう浅はかだと感じるだろう。金は山へ捨て、玉は深い水に投げてしまいなさい。利に惑《まど》うのは、とりわけ愚かな人である。

第3章 古文

3 主題を読み取る

確認問題 ―― 74ページ

1 ア　2 イ　3 エ

練習問題 ―― 76ページ

1 (1) ウ　(2) Ⅰ 雪　Ⅱ ひがひがしからん人　(3) ア

2 (1) ア　(2) ウ　(3) エ

ステップアップ ―― 78ページ

1 (1) ウ　(2) ア　(3) Ⅰ この矢　Ⅱ 決着をつけよう　(4) エ　(5) イ　(6) ウ　(7) ア

解説

練習問題

1 (1) ――線①の直前に「人のがり言ふべき事ありて」とあることに着目する。

(2)「」の中の手紙の内容を読み取る。「この雪いかが見ると一筆《ひとふで》のたまはせぬほどの、ひがひがしからん人」（この雪をどのように見ているかひと言もお書きにならないような、ひねくれた人）のおっしゃることは、「聞き入れたくない」と書かれていたのである。

(3) 最後の一文に、「今はなき人なれば、かばかりの事もわすれがたし（今はもう亡《な》くなっている人であるから、こんなちょっとした事もわすれにくい）」とあることに着目する。

【現代語訳】

雪が趣《おもむき》深く降った朝、ある人のところへ言うべきことがあって、手紙をやったのに、雪のことを何も書かなかったその返事の手紙に、「この雪をどのように見ているかひと言もお書きにならないような、ひねくれた人のおっしゃることを、聞き入れるべきでしょうか。つくづくつまらない心ばえですこと」と言ってきたのは、風情《ふぜい》があった。

今は亡くなった人であるから、ちょっとしたことも忘れられない。

2 (1) ――線①のあとの僧《そう》の言葉に着目する。僧は、児《ちご》が泣いているのは「この花の散るを惜《を》しう覚えさせ給《たま》ふか（この花が散ってしまうのを惜しいことだと感じていらっしゃるのですか）」とたずねている。

(2) ——線②は話のおちになっている。僧は児が泣いているのを見て、「この花の散るを惜しう覚えさせ給ふか」と児が子どもながら風流な心を持っていることに感心していたが、実際には「麦の花の散りて実《み》の入らざらん思ふがわびしき（麦の花が散ってしまって実がつかないだろうと思うのが悲しい）」と言ったのでがっかりしたのである。

(3) (2)で見たように、僧と児ではまったく価値を置いているものが違《ちが》うことが、この話の面白さにつながるのである。

【現代語訳】

これも今となっては昔のことだが、田舎《いなか》の子どもが比叡山《ひえいざん》に登ったところ、桜《さくら》がすばらしく咲《さ》いていたところに、風が激しく吹《ふ》いたのを見て、この子どもがさめざめと泣いたのを見て、僧《そう》が静かに歩み寄って、「どうしてそのように泣いていらっしゃるのですか。この花の散るのが惜《お》しいと思われているのですか。桜ははかないものであるから、このように散っていくのでございます。でもそれだけのことでございます」と慰《なぐさ》めたところ、「桜が散るのは決してどうにもできないので、気にしていません。私の父が作った麦の花が散って実が入らないだろうと思うのが悲しいのです」と言って、しゃくりあげて、よよと泣いたので、情けないことであった。

ステップアップ

1 (1) 直後で師匠《ししょう》から「二つの矢を持つ事なかれ」と注意されていることに注目する。

(2) 「等閑《なほざり》」は「いい加減にする様子」という意味である。

(3) 師匠の会話「毎度ただ得失なく、この一矢《ひとや》に定むべしと思へ」に注目する。「この一矢」と「定むべし」を現代語に訳せばよい。師匠の前では、この（一本の）矢だけで決着をつけてやろう（的に当ててやろう）と弟子なら思うはずであろう、という意味である。

(4) ——線④の理由は、第一段落の「懈怠《けだい》の心、みづから知らず」に注目する。修行中の人は、自分が怠《なま》けようとしていることに気付いていないのである。

(5) ——線⑤の理由は、直前の「道を学する人、夕《あした》には朝《あさ》あらん事を思ひ、朝には夕あらんことを思ひて」に注目する。

(6) ——線⑥の「況《いは》や」という表現に注目する。ここでは、修行中の誰もが怠け心をもつという内容を、弓の修行中の人にも当てはめて具体的に説明している。

(7) この文章の主題は、最終文「なんぞ、ただ今の一念において、直《ただ》ちにする事の甚《はなは》だ難き」に注目する。

【現代語訳】

ある人が弓を射ることを習うのに、二本の矢を持って的に向かった。師匠が言うことに、「初心者は、二つの矢を持ってはならない。後の矢を頼りにして、はじめの矢にいい加減な心が生じる。毎度ただ当たるか外れるか（を考えるの）ではなく、この一本の矢で決着をつけようと思いなさい」と言う。たった二本の矢（しかないのに）、師匠の前で一本をおろそかにしようと思うだろうか（思うはずがない）。怠ける心は、自分は知らないといっても、師匠はこれを知っているのだ。この戒めは、全てのことにあてはまる。

道（特に仏の道）を学ぶ人は、夕方には朝があるだろうと思い、朝には夕方があるだろうと思って、もう一度念を入れて修行しようということを予定する。ましてや（弓を射るという）一瞬のあいだに、怠け心があることを、（弓を修行している人が）知ることができるだろうか（できないだろう）。どうして、ただ現在の一瞬において、直ちに実行することは大変難しいのだろうか。